AF244676

CONSIDÉRATIONS

SUR

L'INFLUENCE

DU GÉNIE DE VAUBAN

DANS

LA BALANCE DES FORCES DE L'ÉTAT.

Φήμη δ᾽ οὔ τις πάμπαν ἀπόλλυ]αι, ἥν τινα πολλοὶ
λαοὶ φημίζουσι· θεὸς νύ τις ἐστὶ καὶ αὐτή.

*Fama nulla prorſus perit, quam multi populi cele-
brant : etenim Deus eſt ipſa.*

HESIODUS Operum v. 763.

1 7 8 6.

CONSIDÉRATIONS

SUR L'INFLUENCE DU GÉNIE DE VAUBAN
DANS LA BALANCE DES FORCES DE L'ÉTAT.

Il arrive quelques fois que des actions brillantes,
applaudies d'abord avec les tranſports qui naiſſent de
la ſeule apparence de la gloire nationale, ne laiſſent
pourtant aucunes traces d'utilité: leur éclat s'affoiblit
à méſure que s'évanouit l'eſpérance des avantages
qu'on s'en étoit promis; la génération ne paſſe point
qu'on ne voye deſcendre d'un rang uſurpé ceux que
l'enthouſiaſme du moment y avoit élevés. Mais qu'on
eſſaye aujourd'hui d'arracher des mains de la Renommée la trompette qui va proclamer les ſervices & les
vertus de VAUBAN! qu'on oſe faire effort contre un
autel conſacré par la voix d'un ſiècle éclairé, raffermi
encore par le jugement d'un ſiècle philoſophe! l'en-
trepriſe auroit de quoi ſurprendre ceux qui pour-

A 2

roient l'envifager férieufement. Un deffein bizarre né mériteroit aucune attention ; mais il eft queftion d'un intérèt public ; il ne s'agit pas feulement de déchirer une de ces images révérées que la Sageffe réferve pour l'exemple des temps à venir; on fe propofe de renverfer du même coup le plus grand édifice que le Génie confervateur ait pu concevoir pour affurer la tranquilité de l'état. Cependant les moyens d'y fuppléer ne font point indiqués; ils ne font pas même annoncés.

En attendant qu'ils paroiffent, il nous fera permis de remarquer, qu'entre les différens membres qui compofent le fyftème de la force publique, celui des fortereffes eft le feul, qui de fa nature puiffe être permanent; que les ennemis de l'état ne le contemplent qu'avec effroi; que c'eft par ces points de fûreté qu'on peut obtenir certain équilibre de force à l'égard de nos voifins, fans être obligé pour cela de déployer comme eux des armées prodigieufes, qui enleveroient un plus grand nombre de citoyens à la culture, aux arts, à la population : en un mot, que ce genre de force d'inertie, favorifant une diminution fenfible fur le total des forces mouvantes, doit produire néceffairement la plus heureufe influence fur toutes les claffes de la fociété, & avec une économie & des avantages que nous aurons occafion de mettre dans tout leur jour.

D'après ce court expofé qui penfera qu'on ait ofé concevoir le deffein d'étouffer la voix de la patrie, qui va célébrer l'auteur immortel de ces monumens de paix & de sécurité? Un nouvel *Hérostrate* n'en a pourtant pas été effrayé ; mais ne trouvant sous ses mains que des brandons éteints, il compte exécuter son projet incendiaire avec les feuilles d'une brochure légèrement écrite (*a*).

Un seul mot dissiperoit ce prestige : les contemporains de *Vauban*, diroit-on, furent les promulgateurs de sa gloire, & c'étoient tous les grands hommes du siecle de Louis XIV. L'intérêt, la faveur ou l'intrigue n'empoisonnerent jamais à son égard la pureté de leurs suffrages ; on ne vit point une suite de parents ambitieux intéressés à prolonger l'illusion d'un nom fameux pour élever des colosses de fortune ; quels titres ! & combien ils acquièrent de force, lorsqu'on vient à les rapprocher d'une opinion isolée, dénuée de prétextes autant que de raison, & dictée par des motifs, qui cesseront heureusement de paroître odieux, dès qu'on en appercevra la source.

Cependant, puisqu'on semble vouloir remonter sérieusement aux titres originaux, il est juste de consentir à un examen dont il peut sortir quelques vues utiles ; car on ne pensera point, je me flatte, que prenant vainement la défense d'un héros, je m'expose au ridicule d'étayer une pyramide inébranlable, ni que je veuille lutter contre des écrivains dont les

---

(*a*) Voyez la lettre adressée à MM. de l'Académie françoise sur l'éloge de M. le Maréchal *de Vauban*.

opinions ne tirent pas à conféquence. Il eft queftion feulement de développer un apperçu de certaines difpofitions liées à la fûreté politique, & dont l'influence plus ou moins prochaine conftitue un véritable intérêt d'état. Comme les grands réfultats n'ont quelquefois que des caufes infenfibles, & que d'ailleurs on nous force à juftifier des vérités de principe, on voudra bien nous pardonner l'expofition fuivante: quoiqu'indirecte & peu importante en apparence, elle ne laiffera pas de nous conduire promptement à des réfultats intéreffans, fans nous écarter du but annoncé par le titre de cet ouvrage (b).

Mr. le M^{al} de Vauban ne fut, dit-on, *l'inventeur d'aucun fyftême : les baftions exiftoient avant lui ; il conferva les baftions.* On reprocha de même à *Newton* de n'être l'inventeur d'aucun fyftème ; il ne découvrit que des faits ; il ne fçut rien imaginer. Il eft vrai que les romans de philofophie auront toujours plus de crédit dans un certain ordre ; il faut s'y attendre. En feroit-il de même des fyftêmes de fortification compofés par des profeffeurs, par des moines & autres perfonnages de même compétence, lefquels affûrément ne fe doutoient pas de l'art militaire,

---

(b) Quoique les opinions foyent parfaitement libres, il y a pourtant des nuances fur lefquelles on ne fe méprendra pas. Un citoyen qui fermeroit foigneufement les portes de la cité, devroit avoir le droit d'opiner pour le moins auffi librement, que l'inconfidéré qui s'en va criant que toutes les portes font ouvertes. Il ne convient jamais de tenter les voleurs, quand même on feroit affûré de leur faire un mauvais parti. J'en ai dit affez déja pour être entendu.

mais qu'on a vu pourtant multiplier les combinaiſons angulaires avec une merveilleuſe fécondité? ceux-là poſſédoient donc les vrais ſecrets de la défenſe? qui pourroit le penſer?

Rappellons une notion auſſi ſimple, qu'elle eſt, je crois, peu répandue : c'eſt que l'art de fortifier n'eſt point, ne doit jamais être un ſyſtème; ce n'eſt qu'un problème à réſoudre d'après pluſieurs données. Qu'on propoſe par exemple à un eſprit juſte, à un géomètre exercé aux combinaiſons de la guerre d'induſtrie, de déterminer la diſpoſition la plus avantageuſe d'un corps de place avec ces conditions, qu'aucune partie du dehors ne puiſſe fournir d'abri à l'aſſaillant, & qu'en cernant l'eſpace, au moindre développement poſſible, on obtienne néanmoins l'appui mutuel & la défenſe réciproque de toutes les pièces qui compoſent l'enceinte. Ces ſeules conditions établiſſent d'abord la ligne baſtionnée, ſans qu'il ſoit poſſible de s'en écarter.

Cette baſe premiere eſt bien loin encore, comme on le verra, de conſtituer le mérite des combinaiſons de cet art ; mais c'eſt une diſpoſition forcée : c'eſt ainſi qu'on indiqueroit la circonférence d'un cercle parfait, ſi l'on demandoit qu'elle eſt la ligne la plus courte que l'on puiſſe employer pour enceindre un eſpace déterminé. Le reproche fait au M^{al} de *Vauban* d'avoir conſervé les baſtions, eſt donc préciſement de même nature que celui que l'on feroit à

Descartes de n'avoir pu changer, malgré toutes ses créations, les propriétés de l'ellipse & de la parabole.

Suppofant d'ailleurs que M. de *Vauban* dans fa jeuneffe ait eu le defir d'avoir un fyftème à lui, on peut juger combien il lui eut été facile d'en impofer à l'ignorance en variant à l'infini fes combinaifons graphiques. Mais une ame exempte d'égoïfme, un efprit jufte & précis, une imagination active, mais temperée par la réflexion, une forte d'inftinct exquis qui le conduifoit au but prefque fans difcuffion, enfin le talent le plus éprouvé par une longue expérience militaire, durent lui faire reconnoître d'abord dans la difpofition d'une ligne, régulièrement flanquée dans toutes fes parties, une bafe néceffaire, indifpenfable & à laquelle il ne falloit plus que fixer de juftes proportions. Elles furent en effet réglées par lui ; non par fantaifie, comme on cherche à le faire penfer, mais en conféquence de plufieurs autres conditions plus étroites & dont le but étoit d'obtenir le plus avec le moins. Il s'agiffoit par exemple de déterminer ces proportions, d'après les mefures de la portée des armes, en évitant également les tirs trop fichants & les tirs prolongés au-de-là du but en blanc ; & de concilier ces conditions avec la fureté, l'efpace, la folidité, l'économie, la fimplicité. Tels furent les nouveaux élémens qui devoient entrer dans la folution de ce problème : il fut réfolu, & l'on peut dire, tant que la portée des armes ne changera pas, qu'il le fut une fois pour toutes. Voilà la fource du défefpoir des faifeurs de fyftème & de leur animofité contre un corps, dont la faine partie ne tient vraifemblablement à cette premiere bafe fixée par *Vauban*, que parcequ'il faut tenir aux vérités élémentaires. Où en feroit-on fans cela? & dans la foule des fyftèmes arbitraires que la vanité fait éclorre, quelle regle faudroit-il employer pour en apprécier la valeur? Cependant comme ils ne s'annoncent que par des fignes bizarres, il feroit difficile de s'y méprendre; ils fubiffent toutes les variations de la faveur du moment; on les reconnoit à la mobilité des prôneurs, à l'intrigue des auteurs, aux vues d'intérêt qui les dirigent, aux efforts inouïs de leur amour propre, au concours des journaux flagornants tous à l'uniffon, &c. (*c*).

Faudroit-il donc mefurer la valeur de ces fyftèmes en raifon de la richeffe de l'imagination, de l'abondance des idées? Cela n'eft pas propofable; les tréfors du monde n'y fuffiroient pas (*d*).

(*c*) Il faut pourtant convenir que ces fyftèmes jouiffent quelques fois de l'avantage d'être préconifés par un fexe qui, fauf le danger des liaifons, doit fe connoître dans l'art de la défenfe.

(*d*) Il y auroit d'ailleurs une forte d'injuftice à préférer ainfi les productions des têtes fécondes ; outre l'embarras du choix, il arriveroit que les créateurs les plus laborieux fe trouveroient primés d'abord par les plus diligens. On ne peut contefter par exemple que celui qui a délayé une idée perpendiculaire en fix gros volumes, ne foit un homme bien fupérieur à Mr. le profeffeur *Trincanos*, quoique celui-ci ait compofé, en un feul petit volume, jufqu'à neuf fyftémes ; dont nul ne reffemble à l'autre, & qui font tous plus forts les uns que les autres,

Cependant je ne crois pas qu'on doive jamais rien rejetter fans examen, & quoiqu'en ce genre le zèle d'un fpéculateur oifif & fans expérience de guerre fourniffe rarement quelques notions utiles, il peut arriver néanmoins, & il arrive en effet quelques fois qu'il s'en rencontre ; mais vous verrez en général que Dieu ne révéle les fecrets de la géométrie qu'à des géomètres ; que pour être heureux en chimie, il faut mériter de l'être par des travaux pénibles, difpendieux, & longtems foutenus ; & fi l'on peut en dire autant de tous les arts, cette vérité fe manifefte fur-tout dans les chofes militaires ; & cela pour une raifon trop rarement apperçue : c'eft qu'à ce jeu de la guerre les difpofitions phyfiques font invinciblement liées aux fituations morales; & l'on conçoit affez que ces fituations variées à l'infini, ne font pas même ffoup-çonnées par ceux qui ne les ont jamais éprouvées.

Ces obfervations qu'on poufferoit plus loin, s'il étoit néceffaire, confirment bien fortement une de ces vérités fimples, qui fe plaçoient fi naturellement dans la tète de *Vauban* ; c'eft que les principes d'un art, foumis à des calculs fixes, étant une fois réduits à leurs moindres termes, il n'eft plus permis à un efprit jufte de s'en écarter. Cela ne doit s'entendre, & ne peut porter ici que fur les bafes élémentaires, puifque l'art de fortifier eft enchaîné d'ailleurs à tou-tes les modifications ordonnées par les circonftances locales ; & elles font fi multipliées, que ce n'eft plus qu'à chaque trait faifi qu'on peut reconnoître la fu-

périorité de l'artifte. Or Mr. *de Vauban* fçut fi bien
fe plier aux divers accidents de la nature, que fouvent on ne reconnoit plus ni les mèmes proportions,
ni mème l'apparence des difpofitions de méthode.
C'eft fur de pareilles variétés, fans doute, que le
héraut myftérieux d'un prétendu fyftème ofe fonder
le reproche des changemens qu'il attribue au M^{al} *de*
Vauban. On nous blameroit de répondre à ces méprifes, d'autant que ces changemens eurent toujours
diverfes caufes & motifs qui ont été appréciés par les
connoiffeurs, & juftifiés mème par des rivaux dont
les prétentions avoient une apparence de fondement.
A l'égard des modifications de détail qui femblent altérer la méthode, elles ne furent tentées qu'en con-
fervant effentiellement les propriétés que le fondateur
avoit obtenues, fans s'écarter jamais de la févérité
des conditions qu'il s'étoit impofées.

Cent mille fois dès-lors les uns ou les autres ont
effayé de faire mieux; car nous voudrions être créateurs, & qui connoit le cœur humain penfera qu'il
faut du courage & mème de la probité pour confentir
au rôle d'imitateur. Le critique voudroit faire penfer
au contraire que cette imitation ne décéle que *des pré-*
tentions de gloire. On voit qu'il eft un terme où la
déraifon peut s'affurer qu'on ne lui répondra pas.

Cependant, malgré des tentatives réitérées dans
toutes les profeffions & mème parmi les *imitateurs*,
il a fallu revenir toujours fur ces premieres bafes, fi

non inventées, du moins réglées, calculées & posées par *Vauban*. J'oserai dire même, que ces efforts pres-qu'infructueux de la part de quelques bons efprits font peut-être ce qui exprimeroit le plus fortement l'éloge du Mal *de Vauban*, fi l'éloge d'un homme d'état pou-voit fe borner au mérite de fortificateur. Avant de l'envifager fous de plus grands rapports, il ne faut pas oublier qu'il porta le même efprit de fureté, de fimplicité & d'économie dans la difpofition des dehors des fortereffes. On fent qu'à cet égard, étant chargé de l'enfemble des frontieres, Mr. *de Vauban* ne dut afpirer qu'à des mieux relatifs; il fe peut même qu'ayant embraffé les combinaifons de l'avenir, il ait laiffé au temps ce qui ne peut appartenir qu'au temps. On a renforcé les dehors; on a obtenu la défenfe fuc-ceffive de toutes les pieces qui les compofent, de maniere que la perte de l'une ne puiffe jamais entraî-ner celle d'une autre, & que chacune d'elles en par-ticulier puiffe forcer l'attaquant à renouveller une difpofition entiere.

Ce n'eft pas que fur ce qui regarde les difpofi-tions des dehors, il ne fe foit commis de grandes fau-tes à l'époque de la minorité de Louis XV, & même enfuite. C'étoit pourtant le même art; mais il n'étoit plus manié par *Vauban*. Des connoiffeurs auroient pu diriger leurs attaques fur ces monumens de mal-adreffe; ce qui d'ailleurs eut été affez inutile, puifque le corps du Génie, (accufé de propager les erreurs qui naiffent dans fon fein) les connoit parfaitement,

& n'a pas laiſſé que d'en gémir, ſans les diſſimuler. Du moins on auroit apperçu quelque but d'utilité dans une critique judicieuſe ; mais les détracteurs n'étoient pas en état de diſcerner ces erreurs ; il leur étoit plus facile de tout confondre & de tout proſcrire à l'aveugle, ſans ſe douter ſeulement qu'ils alloient s'abimer eux - mèmes ſous les ruines de leurs projets déſtructeurs.

On remarque que les arts auſſi bien que les hommes ſont ſujets à des accès de fievre momentanée ; il en réſulte quelques fois un bien ; & l'on vit même ſortir des erreurs, dont je viens de parler, la néceſſité de ſe raffermir encore ſur des principes inaltérables ; mais ce n'étoit point aſſez ; on étudia l'art des diſpoſitions, & c'eſt alors qu'on apprit à connoître le grand mérite de *Vauban*. Partant toujours des baſes qu'il avoit poſées, on vit qu'elles ſe prêtoient à tous les dégrés de force, que les circonſtances pourroient exiger ; on perfectionna pluſieurs moyens. Un des plus intéreſſants par rapport au caractere national fut celui de la défenſive active. Il exiſte en effet une maniere de diſpoſer les dehors, tellement avantageuſe que la défenſe ſe feroit toujours en attaquant ; jamais un ouvrage ne ſeroit expoſé à être enlevé de vive force & à voir ſa garde égorgée ; on céderoit toujours au point de maturité ; alors l'attaquant, obligé de ſe loger à l'étroit, ſeroit expoſé à l'impétuoſité des retours, & ces retours s'exécuteroient toujours avec une ſupériorité de quatre contre un. Tel ſeroit ſur ce point le *maximum* de l'art pour la nation françoife. Il en eft une infinité d'autres; mais outre que le befoin de la queftion qu'on fe propofe, n'exige que le développement de certaines vues générales, on fentira qu'il n'eft jamais loifible de publier les détails de ces ref-fources (e). Ce qu'il nous importe de faire obferver en ce moment, c'eft qu'on obtiendra toujours ces avantages, en partant des bafes fondamentales pofées par *Vauban*, en profitant de tout ce qui exifte, fans exiger par conféquent aucun double emploi de dépenfe; c'eft ainfi qu'il appartenoit de ftatuer pour l'avenir.

Cependant, il faut le dire, quand ce *maximum* de la défenfe feroit fouvent utile, il ne feroit pas toujours abfolument néceffaire, & d'ailleurs il ne pourroit que rarement fe concilier avec les autres befoins de l'état. Mr. *de Vauban* ne pouvoit oublier en faveur de l'acceffoire des forces d'inertie, le principal qui réfide effentiellement dans les forces mouvantes; comme le patriotifme étendoit fon génio fur toutes les parties de la force publique, elles l'intéref-foient au même dégré; il fut confulté fur la conftitution des armées de terre : il prévit la grande influence qu'auroient un jour les fortereffes mobiles de la mer; on lui reprocha à cette occafion l'étendue

---

(e) Les hommes à fyftémes ne font pas fi fcrupuleux, & cela leur donne quelques lueurs de fuccès dont ils abufent étrangement; heureufement la publicité de leurs fecrets ne pourroit qu'induire les nations ennemies, fi elles avoient la fottife de de les adopter.

défordonnée qu'il vouloit donner aux points fortifiés, qui devoient affurer dans le port de Breft le principal dépôt de la puiffance maritime ; il fut contrarié à cet égard, & il annonça qu'avant un fiecle on feroit forcé de s'étendre. Les tems font arrivés, & voyez ce qu'on a fait ! Il montra la même prévifion fur les ports & les rades qui devoient intéreffer un jour la France. Il faut voir comment il tailloit en grand fur ce qui regardoit les arfénaux dont il prévit l'importance. Il falloit d'ailleurs que fon génie s'étendit à tous les détails de conftruction ; car les grandes idées coutent peu ; ce font les détails qui tuent, & *Vauban* y déploya tant d'habileté, qu'on peut regarder comme une efpece de phénomène qu'il n'ait jamais manqué aucune de ces grandes exécutions. Ce grand art de maîtrifer les élémens naquit pour ainfi dire entre fes mains. Voyez les digues, les moles, les ponts, les levées, les éclufes, des canaux de navigation, la noble architecture d'un grand nombre d'édifices en tous genres, les monumens publics, exceptant ceux qu'exige peut-être l'éclat du trône, tout étoit de fon reffort ; mais c'eft fur-tout dans fes réclamations fur les befoins de l'intérieur, fur la mifère des peuples, fur le défaut de proportion dans la répartition des charges, qu'on reconnoit l'ame de *Vauban* : le Roi lifoit fes mémoires, les apoftilloit de fa main. Hélas ! il y donna plus d'attention dans les tems de revers ; jettez les yeux fur ces veftiges du malheur & de la grandeur, & fi vous n'en êtes pas ému jufqu'aux lar mes, ne vous croyez pas digne d'apprécier des vertus héroïques.

Qu'il me foit permis de rapporter ici quelques fragments extraits d'un mémoire de M. *de Vauban*, adreffé au Miniftre des Finances le 27. Janvier 1695 (*f*); il traite de plufieurs objets qui intéreffent l'adminiftration générale; il déplore des malheurs; il en indique les remèdes; il réclame fans ceffe en faveur des peuples malheureux: *Il eft temps, dit-il, de finir une épitre chagrine, parlons d'autres chofes. Voilà donc la capitation réglée; fuppofé que l'exécution en foit bonne, je la tiens pour la meilleure chofe qui fe foit faite dans le Royaume pour le Roi & fes fujets; pourvu s'entend qu'il ne foit plus parlé D'AF-FAIRES EXTRAORDINAIRES; car s'il faut qu'on en faffe encore, ce fera pis que jamais.* Mr. le M^al *de Vauban* s'étend beaucoup enfuite fur la proportion des charges; il préfente des calculs pour les différentes claffes de l'état; *il demande grace pour les payvres gens taillables; il peint les ravages des malheureux foldats qui pillent & perdent tout, fans qu'on puiffe*

les

(*f*) Ces mémoires, avec beaucoup d'autres, fignés, raturés & apoftillés de la main de Mr. *de Vauban*, repofent en originaux dans l'une des archives du gouvernement; ces morceaux précieux, que nous avons eu nouvellement fous les yeux, feront connoître la valeur des titres, fur lefquels des détracteurs ont pu s'appuyer pour refufer à M. *de Vauban* le mérite du projet de la Dime royale, comme auffi pour faire fuppofer qu'il ne confacra fa vie qu'à *de volumineufes oifivetés.*

les contenir, & cela parceque la faim chaffe le loup hors du bois, & que leur paye n'eft pas fuffifante pour les nourrir; & il conclut à réduire leur capitation; il infifte fur des oublis dans les claffes élevées; il fe propofe pour exemple, comme contribuant trop foiblement. Le miniftre même, à qui cet écrit eft adreffé, n'eft pas impofé en raifon des bienfaits dont il jouït; *de même que tant d'autres particuliers payés par le Roi & par les provinces.* Il pourfuit & développe un grand nombre d'obfervations tendantes à rectifier la capitation : *Je la confidere,* dit-il, *bien rectifiée & bien appliquée, comme un moyen très-propre à l'acquittement des dettes du Royaume. Je ne vois qu'une chofe qui peut être meilleure que cela;* CE SEROIT UNE DIXME ROYALE *fur toutes les natures de revenus quels qu'ils puiffent être; elle feroit incomparablement plus légale & d'un plus grand revenu; mais pour cela il faudroit reculer la dixme eccléfiaftique au-de-là du vingtieme.* Enfin il annonce au miniftre qu'il lui montrera ce qu'il a penfé fur cette opération. Remarquez d'ailleurs que ce ne font point ici de ces fpéculations vaines qui naiffent de l'oifiveté; ce font des réfultats d'obfervations directes, rapprochées, comparées & balancées en parcourant infatigablement toutes les provinces du Royaume. D'autres mémoires adreffés aux différens départemens, & fouvent au Roi, démontrent la jufte proportion qu'il fçut réferver pour le grand objet *de fûreté,* dont il étoit plus particulièrement chargé. On voit qu'alors il ne fut jamais déterminé dans ses préférences, qu'après avoir balancé tous les rapports d'utilité ; il ne calculoit le dégré de résistance des forteresses que d'après la combinaison des mouvemens extérieurs des armées. Assujéti d'une part par des moyens limités & de l'autre par ce qu'exigoit l'ensemble des frontières, comment d'autres motifs eussent-ils déterminé ses choix ? lui dont l'ame inaccessible aux prédilections ne fut jamais entraînée par la vanité d'élever à son amour propre des modèles achevés ; lui par qui la France entiere *ne fut considérée que comme une vaste forteresse.*

Il est aisé de concevoir que ce feu sublime du patriotisme, qui dévoroit l'ame de *Vauban*, n'est pas fait pour toucher l'insouciance de ces hommes dédaigneux, que rien ne blesse tant que les vertus actives ; il faut donc les accabler par la grandeur & l'utilité des plus importants services. Mais avant d'en exposer le développement, croira-t-on que nous soyons réduits à justifier la mémoire d'une calomnie, dont la réfutation ne produira heureusement qu'un nouveau sujet d'éloge ? Un critique, cruellement trompé par des inspirations, se trouve chargé par le fait de répandre des erreurs grossières, dont il seroit pourtant injuste de le rendre responsable ; il représente l'administrateur le plus économe qui fut jamais, comme la cause, comme le provocateur & l'instrument d'une dette publique énorme, & qui *pese encore sur la nation.* L'imputation est énoncée si gravement qu'on la croiroit formée dans le dessein d'exciter une émeute populaire, fur des calamités prétendues, dont le tableau enflame fi facilement des malheureux. Il feroit donc poffible qu'on les vit un jour arriver tumultueufement aux portes de ce mufée, qu'un Roi, ami des vertus & des arts, va confacrer à la mémoire des grands hommes qui ont illuftré la France. C'eft donc au centre de ce fanctuaire admiré des nations, que des forcenés, la hache à la main, chercheroient l'auteur fuppofé de leurs mifères. Aveugles jouets des artifices & des méprifes! avez - vous donc déja oublié que *Vauban* fut le père, le confolateur des infortunés, le réclamateur le plus ferme contre l'oppreffion des peuples fans appui? Voilà les barrières redoutables, qui ont éloigné de nos foyers les débordements fanglants des armées! elles furent pofées, raffermies par fes mains; il y confacra foixante années de foins & de travaux: vos champs paifiblement cultivés, au fein même de la guerre, n'ont point connu dès - lors les dévaftations, qui dévorent les contrées ouvertes qui fervent de théatre à ces malheurs. Ah! pourquoi la nature m'a - t - elle réfufé le don de l'éloquence? J'entraînerois ces furieux au pied de cette même ftatue qu'ils alloient renverfer; ils l'arroferoient de leurs larmes; ils gémiroient, ils maudiroient une erreur adoptée fur parole; mais il eft trop facile de s'abandonner au torrent de l'admiration fentie; rentrons dans mon élément; raifonnons, calculons, prouvons.

Le critique compte 300 places fortifiées par les foins de M. *de Vauban:* il fait un calcul à fa manière dont il réfulte une fomme effrayante de quatorze cent millions. Il faut obferver que M. *de Vauban* fut Com- miffaire général des Fortifications pendant trente an- nées ; en forte qu'on lui auroit fourni pour fa feule partie environ 50 millions par an : jugez de l'appa- rence! dans le tems où les revenus de l'état n'étoient pas la moitié de ce qu'ils font aujourd'hui ; lorfqu'une puiffance maritime naiffante devint tout-à-coup formi- dable ; lorfque Louis XIV, pour foutenir une guerre ruineufe contre l'Europe entière, entretenoit fur pied 500 mille hommes de troupes réglées : dans le tems où il régénéroit la nation & où il faifoit fleurir tous les arts par des récompenfes d'éclat : lorfqu'il bâtiffoit Verfailles, Marly, les Invalides, & tant d'autres mo- numens ; dans ce mème tems enfin, où la magnifi- cence du trône contribuoit peut-être à l'opinion de fa force & de fa puiffance.

Ce premier apperçu fuffiroit feul pour faire fentir l'abfurdité d'un calcul pofé fur des bafes de fantaifie. Qui s'aviferoit de fupputer la dépenfe de tous les coups de canon qui n'ont rendu que de la fumée, depuis la mème époque, effrayeroit davantage, & ne feroit peut-être pas moins injufte. Mais il faut ferrer les calculateurs de plus près.

M. le Mal *de Vauban* fit travailler à près de 300 places de guerre, cela eft vrai ; mais il eft fort diffé- rent de les fortifier, ou de les réparer, ou feulement de les armer en guerre : fi le mécompte énorme qui réfulte déja de cette différence eft fenfible, il paroit monftrueux, lorfqu'on vient à confidérer que plus de deux cent de ces places furent conftruites ou réparées aux dépens de nos ennemis, & fort en dehors des limites actuelles. C'eft ainfi que MM. les maréchaux *de Broglie, de Vaux,* & autres ont maintenu nos armées au centre de l'Allemagne, en faifant fortifier un grand nombre de places ou de poftes en état de foutenir fiège ; & affurement, jamais le Contrôleur général de nos Finances n'a entendu parler de cet objet de dépenfe.

Confidérons avec cela que M. *de Vauban,* au lieu de ces trois cent fortereffes qu'on lui fait conftruire libéralement, n'a jamais édifié, de compte fait, que trente-trois places neuves, & fur ce nombre il n'y en a qu'un tiers, dont les dépenfes ayent été prifes fur les finances de l'état ; les autres furent exécutées avec l'argent & les corvées que le droit de la guerre permet d'impofer fur les pays ennemis.

Enfin, en relevant au dépôt de la guerre toutes les fommes employées aux fortifications, pendant le commiffariat de M. *de Vauban,* on a trouvé que l'année la plus forte ne monte qu'à 4 millions ; plufieurs à deux millions & demi ; ce qui, en prenant une moyenne, porte le total des dépenfes extraordinaires, pendant les trente années de fon adminiftration, à 97 millions.

En ajoutant à cette évaluation les fonds modiques qui avoient été affignés annuellement pour l'entretien, on fe rapprochera fenfiblement des tableaux dreffés fur ces matieres par les économiftes les mieux inftruits (*g*); on en a tiré en réfultat une dépenfe totale de 151 millions pendant le cours de trente-trois années, à l'époque où le M^{al} *de Vauban* en fut l'ordonnateur. Certes ce ne feroit pas avoir trop payé l'avantage inappréciable d'avoir éloigné de l'intérieur, & pour toujours, les calamités qui écrafent les pays expofés aux ravages de la guerre.

Ce réfultat, dont la modicité eft prefqu'incroyable, réunit au mérite de la vérité & de la plus exacte précifion celui de donner une idée frappante des ref-fources économiques employées par *Vauban* : on fera plus étonné en confidérant qu'il faut en déduire encore près d'un tiers, pour différens objets néceffaires, en tout état de caufe. En effet, quand il n'y auroit point de fortereffes en France, toujours faudroit-il des ar-mées; & par conféquent il faudroit des cafernes, des hôpitaux, des fours, des magazins à poudre, des bâ-timents pour les vivres & les fourages, des arfénaux, des hangars &c. or tous ces objets furent pris fur les 151 millions, qui compofent la dépenfe totale. De-puis les parties de l'artillerie ont été diftraites, & les fonds annuels des fortifications fe montent actuelle-ment (fans comprendre les fonds des villes) à la fomme de dix-neuf cent mille livres, laquelle eft em-ployée en grande partie à l'entretien des bâtimens né-ceffaires aux établiffemens des troupes.

(*g*) Voyèz entr'autres F O R B O N N O I S *Recherches & Confidéra-tions fur les Finances de France.*

Lorſque la France parvint enfin aux limites naturelles, qui devoient aſſurer ſa conſiſtance, les fonds
des fortifications furent déterminés annuellement à la
ſomme qu'on vient d'exprimer : alors *le mérite de
l'ordre & de l'économie que M. de Vauban a ſçu établir dans tous les travaux dont il a eu la direction,
avantage d'autant plus grand qu'il a toujours ſubſiſte
depuis*; d'autant plus grand encore que ce mérite eſt
avoué, & par le détracteur lui-même; alors, dis-je,
cet avantage a procuré aux imitateurs de *Vauban* les
moyens de raffermir encore un des plus utiles monumens de la puiſſance françoiſe.

Mais M. *de Vauban*, diſent les critiques, *n'a
point poſé les barrieres de l'empire françois, puiſ-
qu'elles changerent ſi ſouvent à ſon époque.* En effet
ces limites ont varié; mais une choſe digne d'attention, c'eſt que ces variations ne ceſſerent pourtant
jamais (& au milieu des malheurs mèmes) d'affecter
une tendance vers l'aggrandiſſement du cercle ; tendance ſi réelle qu'elle s'eſt enfin accomplie.

Voilà ſans doute un fait très-étonnant, & la lé-
gereté ne manquera pas de l'attribuer à d'heureux hazards ; mais les obſervateurs en trouveront la cauſe
dans ce même genre de guerre d'induſtrie, qui n'eut
tant d'influence alors, que par la prépondérance du
M^{al} *de Vauban*.

Il ſe peut d'ailleurs que la politique éblouie par
un aſcendant auſſi marqué en ait abuſé ; de quoi
n'abuſe-t-on pas ? La fauſſe ambition fit commettre

de grandes fautes ; ce n'eſt plus *Vauban* ; il ne pa‑
roît plus aux yeux du ſage que comme conſervateur,
ſouvent réparateur & toujours citoyen. Ce role in‑
téreſſant ſe manifeſte d'une manière ſi ſenſible dans
ſes correſpondances avec les miniſtres , qu'on peut
être aſſuré que les guerres injuſtes n'eurent jamais
d'improbateur plus ferme.

Toutes ces vérités cependant ne paroîtront dans
tout leur éclat qu'après l'expoſé de pluſieurs faits,
dont le développement exigera quelques inſtants d'at‑
tention.

Vainement on s'efforcera d'égarer le jugement du
public, en le fixant uniquement ſur quelques détails
iſolés , qui ne pouvoient avoir évidemment que le
mérite du temps & de l'à propos. Il exiſte des mieux
relatifs , auxquels il faut ſacrifier les mieux abſolus;
on le fait ; mais ceux‑là même furent ſaiſis avec tant
de préciſion, avec un renoncement ſi complet, avec
tant d'éloignement pour ce *moi*, ſi commun, qui veut
briller à tout propos par la manie des petites inven‑
tions, que ces traits là ſeulement, préſentés aux yeux
de la raiſon, ſuffiroient pour aſſurer la gloire de *Vau‑
ban*. Je conçois cependant qu'on ſe croie en droit
d'exiger d'un homme induſtrieux par état quelques
traits ſaillants & nouveaux. Ah! ce ſont là préciſé‑
ment les objets dont le mérite frappant n'exige pas
même d'explication ; il ſuffit d'en préſenter le tableau.

M. le Mal *de Vauban* fut inventeur dans le grand
art des diſpoſitions générales de la défenſe ; c'eſt en

le voyant fe plier à la nature d'un fol, tantôt ingrat, & tantôt favorable, qu'on reconnoit l'homme fécond en grandes vues; bien loin de la fterilité & de la féchereffe des fyftèmes qu'on voit butter au premier obftacle qui s'oppofe au développement des angles chéris & préférés. Ces grandes bafes permanentes ne peuvent pas conftituer feules l'art de la défenfe; elles n'en font que les difpofitions d'attente *h*).

Le confervateur des frontières fut en même tems le créateur de l'art de l'attaque, & il le porta au dernier degré de perfection: cet aveu fingulier, de la part même de fon détracteur, nous conduira à des conféquences curieufes.

M. *de Vauban* ouvrit une carriere nouvelle à la grande défenfe, par le moyen des camps retranchés fous les forts, dans la vue importante de lier la réfiftence particuliere des places fortes avec la défenfive générale des frontières: idée fublime & féconde, & qui porte directement à la confervation des empires.

L'induftrie des retranchemens intérieurs reçut encore de fes mains divers accroiffemens; mais ces fortes d'ouvrages, devant être dérobés à la vue pour conferver le mérite de déconcerter les mefures de l'attaquant, ne font le plus fouvent que projettés, ou feulement

---

(*h*) Voyez fur cela la note fous cotte [1]. On l'a renvoyée à la fin de ce mémoire, ainfi que toutes les notes un peu confidérables, qui feroient folution de continuité avec le corps de cet ouvrage. On les retrouvera aux numeros correfpondants des renvois.

indiqués, & l'on ne peut étudier ces détails que dans
fes mémoires manufcrits; car jamais M. *de Vauban*
n'a rien publié : des étrangers ont recueilli ce qu'ils
ont pu; ils ont fait des livres fous fon nom; mais
ce n'eft point là *Vauban*.

Dans la claffe des retranchemens en retraite il faut
comprendre les citadelles, les réduits & les forts qu'on
voit liés aux grandes enceintes. Il eft vrai que des
circonftances différentes rejetteroient aujourd'hui la
plûpart de ces moyens; mais puifque l'obligation de
contenir des vaincus en fit fouvent une néceffité, il faut
du moins admirer avec quelle fagacité M. *de Vauban* en
a balancé l'équilibre : il eft tel que l'attaquant ne peut
ou ne doit jamais débuter par les reduits ; enforte que
tous ces poftes, ayant une réfiftance propre, indé-
pendante & fucceffive, leur valeur eft devenue pofi-
tive, fans qu'il en foit réfulté aucun double emploi
de dépenfe. [2]

Si M. le M^{al} *de Vauban* ne fut pas inventeur en
d'autres genres, il en eut fouvent le mérite par la
nouveauté & l'étendue des applications. Comme il
nous feroit difficile de conduire nos lecteurs dans les
détours obfcurs de la guerre fouterraine, il faut encore chercher dans fes mémoires l'hiftoire des grandes reffources qu'il fçut tirer de ce moyen fupérieur
dans la défenfe. [3]

On peut en dire autant de la défenfe par le jeu
des eaux; les éclufes exiftoient furement avant M. *de*
Vauban ; mais ces grandes manœuvres d'eau, ces tor-

rents préparés en toute fécurité pour renverfer les travaux de l'attaquant, furent des fruits meuris par l'efprit inventeur. Il feroit difficile d'exprimer ici combien ce moyen confervateur prit d'accroiffement entre fes mains; il en tira des reffources immenfes, pour fimplifier fes difpofitions, pour balancer l'équilibre des fronts d'attaque, pour économifer le développement des remparts furchargés d'ouvrages, pour ramener la défenfe à des points déterminés & prévus, fur lesquels alors il déployoit toutes les forces de l'art: on a ajouté depuis à l'efficacité de ce moyen puiffant; on y ajoutera beaucoup encore; mais que ferons-nous dans ce genre & dans tous les autres, dont *Vauban* ne nous ait donné le précepte ou l'exemple ? Partout il fut induftrieux, plein de reffources, & toujours dans l'objet important de maintenir: vafte dans fes projets, économe dans l'exécution, proportionné aux moyens de l'état; il fut enfin le premier homme qui fçut rapprocher les contraftes de la grandeur, de l'économie & de l'utilité. Comme ce font là les grands traits auxquels on reconnoit le vrai génie de l'art, il eft néceffaire de les développer par le tableau des faits (*i*).

(*i*) On peut juger déja combien font éloignés de ces traits là les petits compaffemens angulaires, fur lefquels on voudroit fixer myftérieufement l'attention publique; ce deffein paroit même fi affecté que s'il exiftoit quelques modèles qu'on fe propofat d'oppofer en comparaifon, il y a beaucoup à parier, qu'ils ne porteroient que fur de pareilles mifères. Il eft pourtant très-vrai que ce projet exifte; nous aurons occafion d'en développer les conféquences.

M. le M^al *de Vauban* jouiſſoit comme on ſçait de
la confiance de la cour & de l'armée; ſa prépondérance s'étendoit généralement ſur toutes les armes; celle
de l'artillerie même, loin de réſiſter à l'aſcendant de
ſon génie, lui prêta toute ſa puiſſance pour perfection-
ner les moyens de l'attaque, & c'eſt même une choſe
aſſez curieuſe qu'un Capitaine d'Artillerie veuille bien
cette fois reconnoître *Vauban* comme inventeur, comme créateur de l'art de l'attaque, qu'il prétend même
avoir été porté au dernier degré de perfection. Or
comme l'artillerie paroît être l'inſtrument principal
des procédés de l'attaque, on fera ſans doute étonné
de voir un officier de cette arme nous apprendre aujourd'hui, que ſon art, deſtructeur par excellence,
exiſte dans toute ſa perfection; mais que celui du
Génie, conſervateur par eſſence, eſt encore à naître.
Il reconnoit *Vauban* comme créateur dans une profeſſion qui proprement n'étoit pas la ſienne, & par
une oppoſition bizarre il lui refuſe l'acquis des connoiſſances de ſon propre genre. Pour completter la
ſingularité, & pour s'acquitter ſans doute envers le
corps du Génie en lui créant auſſi ſon art, il ſemble
qu'on devroit déſigner un nouvel inventeur; mais
non; on n'apperçoit que le projet de détruire, & les
moyens de faire mieux ne ſont pas même annoncés (*k*).

____

(*k*) On ſaura que l'auteur n'eſt que le trompette d'un ſyſtème ruineux, anti-militaire & très-riche en petites choſes.
Il ſuffiroit déja de ſon titre *perpendiculaire*, (qui eſt l'uni-
que propriété à laquelle toutes les grandes vues ſont ſacrifiées

Banniſſons ces traces odieuſes de rivalité & d'eſprit de corps; ſoyons plus juſtes qu'un artilleur même ne l'a été envers ſon propre corps; reconnoiſſons que l'art de l'attaque eſt parvenu à un haut dégré, & que l'artillerie y a eſſentiellemeut contribué; que ſi M. *de Vauban* fut créateur des fortifications offenſives *(l)*, s'il fut même inventeur de pluſieurs uſages & applications de l'inſtrument principal de l'attaque; on ne doit pas moins, ſur ce dernier point, à MM. *de Valière, de Gribeauval*, & autres généraux célèbres du corps le plus juſtement célèbre.

Il faut voir à préſent comment il ſe pourroit que le créateur de l'attaque perfectionnée, du moins avouée telle par le détracteur lui-même, n'eut pas calculé les diſpoſitions de la défenſe, d'après ce qu'il connoiſſoit ſi parfaitement des procédés de l'attaque? Cette queſtion nous conduira bientôt à reconnoître que l'attaque & la défenſe pourroient bien n'être que le même art. Prenons en l'exemple en champs ouverts. Comment un général parviendroit-il à déterminer le plan d'une attaque parfaite, ſi ce n'étoit en prévoyant toutes les combinaiſons & les reſſources

---

pour en reconnoître la puérilité; encore cette propriété chétive eſt-elle mal remplie; elle le ſeroit d'ailleurs très-inutilement, comme on en jugera par les notes 4, 9, 13 & autres, qu'on a renvoyées à la ſuite de cet ouvrage. On s'en convaincra d'ailleurs, en recourrant aux diſcuſſions approfondies, dont on indiquera la ſource.

(l) Cette expreſſion demande une explication qui ne tardera pas.

de la défenſe? & qui ſait les prévoir dans la ſituation
offenſive, ſauroit ſans doute les appliquer, dès le
moment que les circonſtances le rameneroient au
rôle défenſif. [5]

Mais cette queſtion intéreſſante mérite d'ètre trai-
tée avec plus d'attention ; car s'il exiſtoit des rapports
intimes entre l'attaque & la défenſe, il faudroit convenir que le M^{al} *de Vauban*, étant parvenu au *maximum* de l'une, auroit tout auſſi facilement porté
l'autre au degré de perfection qu'elle eſt ſuſceptible
de recevoir. D'ailleurs ces rapports de l'attaque & de
la défenſe nous conduiroient à faire ſentir d'autant
mieux la néciſſité d'un concert indiſpenſable entre
les deſtructeurs par la qualité de leurs armes, &
ceux que la nature de leurs moyens deſtine plus
particulièrement au rôle de conſervateur.

Si pour déterminer cette queſtion avec préciſion,
l'on demandoit par exemple, ce que c'eſt que le ſiège
d'une fortereſſe ? on repondroit que c'eſt un ordre
de bataille couvert, ſoutenu, flanqué, circonvallant,
& qui s'avance progreſſivement ; c'eſt une fortifica-
qui s'accroit & ſe renforce ſucceſſivement par le grand
nombre & l'abondance des moyens, contre une autre fortification cernée, qui s'affoiblit néceſſairement
& qui ſe détruit enfin par le petit nombre & la di-
ſette des moyens.

Il ſuit de-là que l'attaque aura toujours ſur la défenſe la ſupériorité du fort ſur le foible. Si l'on réflé-
chit à cette expreſſion, on jugera combien il eſt triſte

que nous foyons réduits à difcuter férieufement de pareilles propofitions. Il eft fenfible en effet, qu'il n'eft rien, dans tout ce que des hommes font capables d'édifier, que des hommes en plus grand nombre ne foyent capables de détruire. Qu'on ceffe donc de s'étonner, fi M. *de Vauban* a laiffé l'art de la défenfe dans un état fubordonné à celui de l'attaque; cela devoit réfulter de la nature même des chofes; elle n'a voulu accorder au foible, quelque foit l'épaiffeur des cuiraffes, qu'une certaine mefure de réfiftance contre les entreprifes du fort; & la plus grande fottife fans doute feroit d'imaginer qu'il peut exifter des moyens de faire *prédominer la défenfe*, autrement que par des proportions de forces, qui feroient que la défenfe ne feroit plus la défenfe. Il eft bien vrai qu'elle l'emporteroit à égalité de nombre; elle l'emporteroit encore contre un nombre double; (je parle de la défenfe purement artificielle, dans le cas où la nature eft neutre) je croirois même qu'une place inépuifablement pourvue approcheroit de l'équilibre contre un nombre triple [6]; mais dans la proportion ordinaire de la défenfe, fuppofée dans le rapport d'un à fix, ou davantage, il faut que les défenfeurs fuccombent fous les efforts de l'attaque, à moins que des circonftances étrangeres ne viennent en rompre les méfures. Le génie d'Archimède n'y peut rien, & les idées romanefques qu'on pourroit fe former fur les prodiges de cet ingénieur, ne nous préfentent pas même la poffibilité de pouvoir jamais faire prédominer la défenfe, lorfque l'attaque fera continuée avec la fupériorité & les moyens illimités qui lui appartien- nent par effence.

On jugera aifément que ces proportions du fort au foible doivent varier à l'infini, fuivant la nature des difpofitions, la qualité des obftacles, l'efpèce des troupes, le caractère relatif des chefs oppofés, & dans le cas où la nature & l'art auroient pu fe réunir au plus haut degré dans la défenfe.

L'inattention, l'envie & l'ignorance auront beau fe difputer ici le premier pas, elles feront forcées de fe taire ou de reconnoître que l'attaque & la défenfe ne font que le même art, modifié par la proportion des forces & des moyens; & ces proportions peuvent influer à tel degré, en certaines circonftances, que les défenfeurs pourroient devenir attaquans.

Nous en voyons un exemple. Les Maures affiégés dans Grenade furent longtems attaquans, & les Ef- pagnols affiégeants devinrent affiégés, au point que leur camp finit par devenir une forterefse : on vit la proportion des forces balancer alternativement la for- tune entre les affiégeants & les affiégés ; mais enfin, le tems & l'abondance des moyens firent prédominer les affiégeants ; alors les fortifications attaquantes l'em- portérent, (comme elles l'emporteront toujours) fur les fortifications attaquées ; la ville fut effacée, & le camp affiégeant, devint la ville, qui fubfifte encore aujourd'hui dans l'emplacement du camp.

Voilà

Voilà un exemple très-singulier, mais qui préfente une image fenfible de la fimilitude de deux arts, qui ne different abfolument que par des proportions de circonftances. [7]

Cependant cette analogie de moyens dans les deux arts ne laiffe pas d'admettre des différences réelles ; mais elles font totalement en faveur des défenfeurs ; elles confiftent dans la folidité & la permanence des obftacles, qu'on peut en temps de paix préparer à l'aife devant les fortereffes ; au lieu que dans les fortifications rapides & paffagères de l'attaque il eft fouvent très-difficile de donner aux ouvrages affez de confiftance pour réfifter aux efforts inattendus des forties. D'ailleurs les défenfes préparées de longue main donnent le temps de s'approprier les grands obftacles de la nature & de fe les rendre favorables, autant qu'ils peuvent être contraires aux difpofitions ultérieures des attaquants. Il faut remarquer encore que les fortifications offenfives ne peuvent fe conftruire ordinairement que fous les feux déja préparés de la défenfe. Enfin il exifte auffi certaines manœuvres d'eau, dont l'ufage peut appartenir exclufivement à la défenfe.

À ces différences près, qui font très-confidérables, mais qui font entièrement au grand avantage de la défenfe, il faut reconnoître que les deux arts doivent marcher de front, & toujours dans les rapports de fupériorité, qui appartiennent invinciblement à l'attaque. [8]

C

De tout cela fuit une conféquence rigoureufe, c'eft que celui que l'on avoue avoir touché au but de perfection dans les fortifications offenfives, doit avoir au moins fort approché du même but dans les fortifications de la défenfe.

Qu'on dife après cela *que M. de Vauban a triomphé de fes propres fortifications ; que les mêmes places qu'il avoit fortifiées n'ont pu réfifter à la fupériorité de fon attaque ; qu'il l'avoit portée à un tel degré de perfection, que fouvent il ne perdoit pas plus de monde que les affiégés.* Cela prouve d'abord que dix valent mieux qu'un, & que toute l'induftrie humaine ne peut obfcurcir cette vérité ; cela demontre enfuite, que l'intérèt du fortificateur s'évanouiffoit, comme il doit en effet difparoître toujours vis-à-vis de l'intérèt d'état ; cela prouve encore que M. le Mal *de Vauban* ne poffédoit l'art des fortifications offenfives à ce dégré de fupériorité, que par la connoiffance intime qu'il avoit de toutes les reffources de la défenfe. Mais cela fait connoître fur-tout, à quel point celui qui trouva le moyen de porter l'efprit confervateur jufques dans les procédés de l'attaque, l'auroit porté dans ceux de la défenfe, fi jamais affiégé il avoit pu déployer fon art dans l'action défenfive ; s'il s'étoit trouvé en fituation de mettre en œuvre toutes ces reffources qui dépendent de ce que nous avons appellé la conduite des défenfes.

Qu'on nous apprenne donc, dit un critique, *quel eft le mérite de ces fortifications, qui ne donnent pas plus d'avantage aux aſſiégés qu'aux aſſiégeants?* Qu'on nous apprenne donc, pourroit-on repondre, quel eſt le mérite d'une artillerie de cent canons, qui ne peut nous donner aucun avantage contre une autre artillerie de ſix cent canons? quel eſt le mérite de ces cuiraſſes qui n'ont pas ſeulement le privilège de nous conduire à la victoire?

Vous demandez quel eſt le mérite de ces Places? Le voici: il ne conſiſte nullement & ne peut conſiſter à les rendre imprenables; cette chimère ne peut occuper que des eſprits foibles ou peu exercés. Il eſt vrai cependant que ces mêmes Places ne ſuccomberoient point, dans le cas où les attaquants ne ſe préſenteroient pas devant elles avec un appareil proportionné, qui ſouvent devient immenſe, & c'eſt déja un très-grand mérite que celui de forcer un ennemi ſupérieur à un nouvel étalage de puiſſance, qui appeſantit néceſſairement toutes ſes démarches. D'ailleurs on ne doit conſidérer les fortereſſes que comme acceſſoires dans le ſyſtème général des forces de l'état; elles deviendroient inutiles, ſi elles n'étoient corroborées par des armées. Mais c'eſt par ces points de ſureté qu'on préviendra ces maladies de l'ame, ces terreurs, dont la contagion eſt ſi rapide; c'eſt par eux qu'on pourra ſimplifier les plans de campagne, aſſurer les grands dépôts, porter la guerre offenſive avec ſécurité pour ſes derrières, couvrir les communications avec l'intérieur à tel degré de ſureté, que toutes les forces de l'état pourroient concourir à la dé-

fenfe du point menacé ; c'eft par l'art de renforcer
les pofitions qu'on acquiert la facilité de calculer des
événemens , & de combiner des manœuvres ; c'eft
par le fecours des forterefles qu'on obtient des repai-
res fixes & qu'on prévient les incertitudes qui naî-
troient de ces localités vagues & compliquées, que
préfentent les pays ouverts & fans appui ; c'eft par l'heureufe entremife de ces réduits de pofition qu'on pourra
dumoins effuyer un ou plufieurs échecs fans conféquence , recueillir des débris, gagner du tems, rap-
peller le courage & la fortune. Enfin c'eft par ces colonnes d'état redoutées & redoutables qu'on verra
éternifer, avec la gloire de Louis XIV, la tranquillité
de l'intérieur & la reconnoiffance que l'on doit au laborieux citoyen, qui en pofa les fondemens.

Mais, diront les critiques, *la plûpart de ces Places ne tiennent que 15 jours ou trois femaines.* Souvent il n'en faut pas tant pour prévenir de très-grands
défaftres ; l'alternative du triomphe à la chûte ne dépend quelques fois que d'un moment. On jugera
d'ailleurs qu'un réfultat fi foible eft purement acciden-
tel ; fi les exemples en font trop fréquents, c'eft qu'il
eft trop ordinaire de voir les Places abandonnées, dé-
pourvues, ou mal défendues ; car en circonftances
contraires on a vu ces mêmes Places tenir deux,
trois, & même quatre mois fuivant les différens degrés de leur valeur propre. Alors elles rempliffent
bien furement leur objet. Dans le cas d'abandon
même on citeroit mille exemples, où une réfiftance

très - médiocre, donnant feulement le tems de repren-
dre haleine, après une défaite, a changé les circonftances & ramené la fortune. Mais ce n'eft pas encore
là en quoi confiftent leurs véritables avantages; il arrivera plus fouvent, que par les liaifons qui exiftent
entre certaines fortereffes avec des pofitions voifines,
elles ne feront, ni ne pourront être attaquées; c'eft
alors qu'elles feront vraiment utiles; elles ne jouent
cependant plus dans ce cas qu'un rôle obfcur & muet,
mais très- éloquent pour qui fait obferver tout ce
que les forces mouvantes peuvent acquérir de confiftance par leurs relations avec des points de fureté.

Mais je m'apperçois que je combats contre des
ombres; où font donc les fyftèmes fimples, grands,
économiques, & qu'on puiffe préférer fous quelque
rapport? En eft-il un feul qui ne porte toute l'attention de fes auditeurs fur un créneau, une étoile,
un cornichon, une direction un peu plus ou moins
oblique? fur des diftributions d'artillerie, où l'on voit
les petits calibres refervés aux grandes portées, pour
laiffer aux pièces de 36 des portées de 20 pas, où il
ne faudroit que des piftolets? fur des petits comparti-
mens, dont le fort feroit d'être mis en poudre dès la
première apparition des batteries attaquantes? fur une
fécondité de fottifes qui fe réduit enfin à groffir des volumes impofants aux yeux de l'ignorance, & qui ne con-
tiennent heureufement que les images de la futilité?
De bonne foi, eft-ce là le grand art de *Vauban*?
C'eft dans les difpofitions générales qu'il faut le recon-

noître; c'eſt dans l'art de mettre tous les obſtacles de la nature à contribution pour les faire concourir à la défenſe, qu'il faut chercher le génie d'invention; c'eſt par de tels moyens qu'on pourra faire pencher quelques fois la balance des forces en faveur des défenſeurs. Mais ne ſeroit-ce pas grande pitié d'imaginer que cette balance vigoureuſe put jamais être maniée par des mains débiles, & dont le tremblement ſemble ſe manifeſter dans les tortillages multipliés de leurs angles (*m*). [9]

Au ſurplus ces fantaiſies ſyſtématiques importent fort peu à l'objet principal de la queſtion qui nous occupe; il ſuffit que ces barrières, telles que *Vauban* les a poſées, ayent éloigné de nos foyers les calamités de la dévaſtation, il ſuffit qu'elles aient procuré conſtamment à nos armes l'avantage de porter la guerre au dehors; il ſuffit que l'art militaire ſoit déja parvenu à enchaîner les plus grands hazards, par une ſuite de ce caractère de combinaiſon & d'induſtrie que lui imprima *Vauban*, pour que nos citoyens béniſſent à jamais la mémoire de l'auteur de ces bienfaits.

Après des ſervices auſſi réels, auſſi fortement démontrés par l'événement & par un ſiècle de ſécurité,

---

(*m*) Ces prétendus créateurs n'ont pas même le mérite de l'invention dans ces petites choſes; ce ſont les plagiats les plus dégoutants. J'ai ouï dire que certains fabricateurs de tragédies en faiſoient autant; ils prennent fort bien trois pièces de *Racine* pour en compoſer une, & ils la ſurchargent encore d'une multitude d'incidents; & puis ils s'arrogent *le droit de* cenſurer la noble & féconde ſimplicité d'un grand homme. C'eſt M. *de Voltaire*, je crois, qui a dit cela.

quand on pourroit ajouter à l'efficacité des procédés connus, ce que je n'ai garde de nier; quand un fyf-tème angélique viendroit renforcer ces barrières, ne feroit-ce pas le comble de l'ingratitude d'en déprimer aujourd'hui le premier fondateur? *Turenne* feroit-il moins grand, moins fublime? ne feroit-il pas tou-jours l'idole de la gloire & de la vertu, quand mê-me on auroit, bien ou mal à propos, changé fon fyf-tème & fa maniere de combattre? que faudra-t'il donc penfer de ces petits fortins méprifés, de ces fyftèmes linéaires, qui ne peuvent manifefter leur exiftence que par l'éclat fcandaleux du renverfement des au-tels? (*n*)

Cependant les critiques n'avoueront point l'effet de cette fécurité de l'intérieur, quoiqu'elle foit affez bien établie par le fait; ils n'ignorent pas pourtant que malgré des malheurs & des fautes en tous genres

____

(*n*) L'écrivain du fyftême paroit avoir fenti lui-même l'ef-fet odieux de fa brochure; il croit être obligé d'accorder quel-ques mérites au Maréchal *de Vauban*; celui *de l'ordre & de l'économie*, celui *d'un fervice très-affidu & fouvent très-dan-gereux* lui ont paru être ceux qui tiroient le moins à confé-quence. Les auxiliaires viennent de paroitre auffi dans le Mer-cure; on voit qu'ils voudroient revenir fur leurs pas; mais ils ne reftent pas moins attachés au projet neuf & courageux de décréditer le programme de l'Académie, & même ils infiftent encore fur la néceffité preffante de fubftituer les nouveaux fyftêmes (fans pourtant ofer les défigner nommément) à la place des fortereffes qui couvrent aujourd'hui nos frontières. Cela fignifie pofitivement qu'ils veulent anéantir un monu-ment qu'ils difent avoir couté 1400 millions, pour le rem-placer par une fantaifie qui couteroit réellement davantage; on en jugera.

C 4

la nation a vu augmenter fa prépondérance & l'étendre fur le monde entier ; ils n'ignorent pas que nos frontières ont été couvertes & confervées dans toute leur intégrité : mais ils s'arrètent avec complaifance fur une courfe momentanée exécutée en 1744 à l'extrémité de la baffe Alface, par le Prince *Charles de Lorraine* ; & ils s'en prennent à la forterreffe de Landau, de ce qu'elle n'a pas eu le pouvoir de nous mettre à l'abri de ce grand malheur. Remarquons d'abord que ce prétendu malheur fe réduifit à fournir à M. le M^{al} *de Coigny* une occafion de gloire, dont il fçut profiter habilement. Il faut fçavoir qu'il exifte une maxime de guerre ; *c'est qu'une armée qui fe propofe d'exécuter une invafion, ne peut jamais laiffer une grande forterreffe fur fes derrieres, fans s'expofer à quelques retours de perdition.* Or puifque M. le Prince *Charles* a voulu braver cette maxime, puifqu'il s'en eft fort mal trouvé, puifqu'il expofoit même fon armée à une deftruction totale, (fi certaines mefures concertées entre une armée de fecours & la garnifon de Landau avoient pu s'effectuer,) puifqu'enfin fon invafion d'un moment ne lui a valu que de l'effroi, des dangers, des dépenfes immenfes, avec le déboire d'une retraite précipitée, nous ne devons aux critiques que des remercimens, de nous avoir rappellé eux-mèmes un exemple qui démontre affez bien l'utilité des forterreffes. [10]

Qu'on prétende vaguement après cela que les places fortifiées par *Vauban font mal-fituées parce qu'elles laiſſent des paſſages ouverts.* On riroit d'un ſyſtème de poſition de fortereſſes, par lequel on prétendroit boucher tous les trous. D'ailleurs le problème bizarre de fermer hermétiquement par le moyen d'un ſeul point un grand eſpace acceſſible, n'a pas encore été réſolu, & il eſt vraiſemblable que les bons Généraux qui mépriſent ſouverainement les chimères, ne s'en occuperont guère.

Que ne m'eſt-il permis de prouver ici par des faits exiſtants les liaiſons importantes qui ſubſiſtent entre les forterefſes & la défenſive générale des frontières ? On verroit telle Place (qu'on cite peut-être pour être mal ſituée) fournir à portée d'elle un azile aſſuré à une armée de moitié plus foible que celle qui lui ſeroit oppoſée : on verroit cette armée défenſive ſe maintenir dans une poſition ſi heureuſement choiſie, que l'ennemi, malgré toute ſa ſupériorité, n'oſeroit jamais l'attaquer, ne pourroit la tourner, ni couper ſes communications avec l'intérieur, ni l'empêcher d'en tirer des ſubſiſtances & des ſecours en tous genres Ces poſitions ſont telles, que la forterefſe feroit reſpecter l'armée, qui, par un juſte retour, feroit reſpecter là forterefſe. L'ennemi ne pourroit ni en entreprendre le ſiège, ni faire un pas vers l'intérieur, ſans s'expoſer à voir tarir la ſource des premiers beſoins. L'armée défenſive dans ce cas, malgré ſa foibleſſe numéraire, conſerveroit encore une ſorte d'indépendance & même des relations extérieures ; du moins elle pourroit prendre tout le tems qu'exigeroient les circon-

ftances pour recevoir des renforts : on la verroit s'accroître journellement, & bientôt elle feroit en état
de profiter de toutes les fauffes démarches de l'ennemi : elle parviendroit enfin à un degré de fupériorité,
qui lui feroit regagner tous les avantages qui de droit
naturel appartiennent à l'offenfive. Nous avons plufieurs Places dans ce cas ; elles ont été fortifiées, dif-
pofées & placées par *Vauban*. Il en eft d'autres, il
eft vrai, dont les relations moins étendues, annoncent des avantages d'un genre inférieur ; mais qui ten-
dent également & conftamment au but intéreffant de
conferver. [11]

Voilà les grands & les vrais problèmes militaires
& non pas la chimère des fermetures hermétiques ;
idée étroite & puérile, fi elle n'étoit pas abfurde. Or
les combinaifons de ce jeu confervateur exiftent ; elles font calculées dans tous leurs rapports ; elles repofent en lieu fur ; plufieurs généraux les connoiffent ;
quelques militaires parviendront de même à les connoître après de longs travaux médités : mais il faut
le dire ; ce rideau ne fe levera point aux yeux de ceux
qui s'épuifent à broder des fyftèmes en mozaïque fur
des cannevas uniformes & propres à tout (o).

(o) Il y a quelques années que le plus diftingué de ces créateurs s'avifa du projet de fe compofer une direction de fortification affez commode. De l'heureufe tranquilité de fon cabi-
net (& moyennant 30 mille livres de rente qu'il demandoit)
il prétendoit faire adopter des fortins à étoile, pour être exé-
cutés à 4 m le lieues de Paris ; on lui repréfentoit qu'il s'agiffoit d'occuper des pointes de rochers inacceffibles, fur lefquel-

C'eſt un ſpectacle aſſez curieux de voir toucher ces grandes queſtions d'après une éloge de Mr. *de Fontenelle;* d'après un autre éloge qui a remporté le prix de l'Académie de Dijon! *Vauban,* diſoit l'orateur, *a poſé les barrières de l'empire françois; qui jamais eut moins beſoin d'éloge que celui pour qui ces barrières mêmes ſont autant de trophées immortels?* Sur quoi le critique obſerve judicieuſement, *que c'eſt mettre en fait ce qui en eſt queſtion:* comme ſi l'objet d'un orateur devoit l'engager à compoſer des traités complets ſur les rapports que les places fortes doivent avoir avec la ſureté de l'état! comme ſi un éloge pouvoit être un plaidoyer, renfermant une collection de preuves diſcutées contradictoirement! Autant vaudroit apprécier le mérite militaire du *Grand Condé* d'après les oraiſons funèbres de ce guerrier. Qui ne voit que l'éloge ne peut être que le tableau général des faits? ce n'eſt, je crois, que le réſumé frappant de l'opinion publique, déja établie ſur des ſervices éclatans.

---

les il ne falloit peut-être que des murs ſecs, pour y faire acte de préſence ſeulement; il repondoit à cela, *qu'il n'y avoit qu'à écrêter les ſommites de ces rochers, pour trouver la place de loger les étoiles.* Les prôneurs eux-mêmes ne purent ſe contenir ſur le ridicule de détruire des fortifications naturelles, & à frais immenſes, pour y ſubſtituer de foibles ſymétries; ſur quoi l'aſpirant directeur ajouta bien vite *que ſes étoiles jouiſſoient de l'admirable propriété de ſe prêter à tout, en ſe dilatant & ſe contractant à tous les degrés poſſibles.* Ce qui ſignifie poſitivement que l'échelle des fortins ne devoit plus être conſidérée que comme les modules de l'architecture; & cela auroit pu réduire les étoiles aux ſignes interprétatifs des dignités militaires. Cet homme aſſurément vouloit faire briller les étoiles en plein midi; il aſpire encore.

Aù furplus, l'autorité de ces orateurs vaut bien au moins celle d'*Helvetius* & de *Marivaux*, invoqués, on ne fçait pourquoi, par l'auteur de la brochure. Que n'attaquoit-il auffi Mr. *de Voltaire*, qui avoit dit d'abord, d'après l'eftime fur parole fans doute :

> *Vauban fur un rempart, le compas à la main,*
> *rit du bruit impuiffant de cent foudres d'airain.*

Voilà ce qui s'appelle pofer en fait ce qui eft en queftion. Cependant le poète réforma ces vers & leur fubftitua ceux-ci :

> *Ce héros, dont la main raffermit nos remparts,*
> *c'eft Vauban, c'eft l'ami des vertus & des arts.*

Qui croiroit que ces variantes confirment en quelque forte ce que nous avons dit fur les rapports de l'attaque & de la défenfe? Mr. *de Voltaire* facrifia la pompe des premiets vers, parce qu'il fentit qu'ils manquoient de jufteffe : il devina fans doute que cent foudres d'airain ne font jamais un bruit impuiffant, & cela fignifie pofitivement que les moyens de la défenfe feront toujours fubordonnés à ceux de l'attaque. Tant il eft vrai, comme l'a très-bien obfervé M. *de Guibert*, que le génie fait deviner ce qu'on n'a jamais vu.

Il ne faut pas être étonné des excurfions des efcarmoucheurs; l'avantage de leur jeu confifte dans l'irrégularité de leurs attaques : il n'eft pourtant pas aifé de comprendre comment ils ont pu fe flatter de décrier les moyens employés par le M^{al} *de Vauban*, en faifant intervenir les opérations du fiège de Caffel en 1760; ces relations paroiffent affurement fort-

éloignées. Voyons donc fi les détails des faits pourront rapprocher quelques analogies. Le critique fuppofe que les attaques ont eu lieu *contre des redoutes en avant des murailles de la ville neuve.* Obfervez qu'il n'y avoit point de murailles en avant de la ville neuve : remarquez auffi que les attaques furent dirigées précifement du côté oppofé, contre des ouvrages qui avoient été élevés en avant *de L'ENCEINTE BASTIONNÉE DE LA VIEILLE VILLE.*

Après ces erreurs de fait en voici de plus remarquables : le critique ne veut pas que Mr. le Comte *de Broglie* ait été *affiégé*; il fuppofe qu'il n'a été que *bloqué par un corps peu confidérable.* Cela établi, il avance que les bloqueurs *combattirent contre ces redoutes de la ville neuve pendant trois femaines, & que fatigués de ces combats inégaux, ils fe retirerent fimplement de leur blocus.*

Voilà, dit-il, *l'hiftoire du fiége!* Bon Dieu quelle hiftoire! Eft-il permis de demander ce que c'eft qu'un blocus, où l'on combat pendant trois femaines de fuite ? Peut-on demander encore ce que c'eft qu'un blocus, où les attaquants avoient développé plus de trois mille toifes de tranchées ? Pourquoi diffimuler d'ailleurs, que les affiégeants furent forcés à une retraite précipitée, par le retour triomphant de l'armée aux ordres de M. le Mal *de Broglie?* Les alliés furent également forcés de lever tous les autres fièges qu'ils avoient entrepris. Si d'un autre côté l'on apprécie la défenfe de M. le comte *de Broglie,* par la proportion

des forces oppofées, on la trouvera d'autant plus
complette & plus décifive, qu'avec moins de 5000
hommes il trouva le fecret d'occuper & de contenir
plus de 30 mille ennemis. On ne voit là que de
nouveaux exemples qui rappellent en même tems &
la gloire des deux freres, & la grande utilité des fortereffes; car fans ces points de fureté c'en étoit fait,
& l'irruption de l'ennemi féparant nos quartiers eut
entraîné des difgraces, d'où s'en feroit fuivie l'expul-
fion des François de l'Allemagne.

On demandera fans doute, quel rapport tout
cela peut avoir avec la réputation de M. le M^{al} *de*
Vauban? Le voici : la défenfe de M. le comte *de*
Broglie fut très - vigoureufe & très - brillante, & le
détracteur voudroit éloigner ce théatre de gloire de
la *partie baftionnée.* Comment faire pourtant? car
nous avons 50 mille témoins en état de dépofer que
l'attaque fut dirigée réellement du côté des baftions.
En vérité ces baftions font bien offufquants! Mr. le
comte *de Broglie* auroit bien dû les déformer un peu,
& leur donner un autre nom, qui les rapprochât de
certains fyftèmes; il eft vrai que fa défenfe dans ce
cas n'auroit pas été une époque honorable pour nos
troupes; mais auffi elle auroit été à la grande gloire
du fyftème, & le prétendu blocus alors auroit été
gratifié du titre de fiège. Quelle profonde mifère!
étoit - il donc befoin de dénaturer ainfi tous les faits
pour une queftion indifférente aux baftions? En effet
les procédés de l'attaque n'ayant pas été pouffés dans

cette circonftance, jufqu'au paffage du foffé, il n'y avoit rien à conclure de cet exemple ni pour ni contre les baftions. [12]

Comme il n'eft pas aifé de faifir le deffein d'une attaque inouïe, qui fe dirige alternativement pour & contre, & qui confond même des objets antérieurs & poftérieurs à l'époque de Mr. *de Vauban*, nous ferons forcés de nous affujettir quelquefois à l'irrégularité de cette marche offenfive; mais il n'en coutera guère que la peine d'en éclairer les détours, en rectifiant des objections très-vagues & fouvent contradictoires.

Après avoir décrié les forterefses avec cette profondeur qui n'en impoferoit pas même au lecteur le plus fuperficiel, il ne faut pas s'étonner de voir les mêmes raifonneurs leur contefter encore l'importance du rôle qu'elles doivent jouer dans le fyftème général de la force publique.

Ils objecteront par exemple, que ces Places que nous avons occupées dans la derniere guerre d'Allemagne, Caffel, dont on vient de parler, Gottingue, Mulhaufen, Fritzlar, Ziguenhaim, Marbourg, Dillenbourg & toutes celles du bas-Rhin, ils objecteront, dis-je, que toutes ces Places nuifirent beaucoup plus à nos ennemis qu'elles ne leur fervirent; puifque ce ne fut que par elles que nous pumes nous maintenir dans leurs pays. Rien de plus vrai; il eft certain qu'il ne faut pas fe mêler d'avoir des forterefses, lorfqu'on ne veut pas, ou qu'on ne fait pas les défendre. Mais remarquez que la plûpart de ces Places étoient effacées, qu'elles n'étoient point armées en guerre, que nous entrâmes dans les principales sans coup férir, & qu'il fallut presque les créer pour les mettre en état de nous y faire respecter. On y parvint; on vit Gottingue s'élever pour ainsi dire de dessous terre, sous les mains industrieuses & fortes de M. le M^{al} *de Vaux*: cette Place en imposa, ainsi que plusieurs autres; elles ne furent pas même attaquées, & obtinrent par conséquent tous les honneurs de la force d'inertie; mais elles ne se bornerent pas au rôle muet; ne paroissant d'abord que des aziles nécessaires aux forces mouvantes, & des points de repos, sous l'abri desquels on pouvoit étendre les quartiers d'hiver, elles ne laisserent pas de devenir véritablement offensives, en favorisant des courses continuelles sur les quartiers ennemis; Gottingue présenta même ce phénomène curieux pendant un hiver; c'est que la garnison de cette Place, quoique non attaquée, fit sur les ennemis plus de prisonniers qu'elle n'avoit d'individus.

Il est vrai sans doute que toutes ces Places ne valurent que ce qu'on les fit valoir; il falloit des hommes, de l'art, du courage & de grandes ressources d'industrie pour les défendre; c'est ce qui manquoit vraisemblablement aux ennemis qui nous en ouvrirent les portes; mais c'est ce que nous y portâmes, avec les procédés dont *Vauban* nous avoit laissé les principes; procédés conservateurs par essence & qui même un peu plûtôt ou plus tard pourroient parvenir

jusqu'au

jufqu'au point de convertir une fcience vague & meur-
trière, en un art dont toutes les forces combinées
produiroient tel équilibre de force, que le refpect
mutuel des puiffances de la terre en feroit peut-être
le réfultat.

On a vu déja combien de titres affuroient au M^{al}
de Vauban la reconnoiffance de la génération préfente ; mais les fiècles à venir béniront fa mémoire ;
mais le monde entier pourroit lui devoir une paix
perpétuelle, fi ce genre de guerre d'induftrie, dont
il fut le principal promoteur, parvenoit jamais à certain degré, dont on entrevoit la poffibilité. Il n'eft
pas tems ; il faut craindre même que des vœux pré-
maturés pour un bien fi défirable, ne deviennent
indifcrets ; outre que ces mieux abfolus égarent fouvent la raifon, les efprits ne fe difpoferoient que trop
aifément à l'apathie, s'ils venoient à fe repofer fur de
telles efpérances. C'eft beaucoup déja que des Places
du moment ayent procuré à nos armées l'avantage
fingulier & remarquable de les maintenir au centre de
l'Allemagne pendant fept années confécutives ; & cela
en des fituations fouvent critiques, au milieu des revers & des défaites. Je ne parle pas de la grande influence des victoires qui ont entremêlé ces malheurs ;
il n'eft queftion ici que de l'objet important de conferver : or fi on ne fçavoit l'obtenir que par des victoires ; fi l'on ne pouvoit fe maintenir qu'à force ou-
verte, il faudroit donc toujours vaincre, & fans in-
terruption. Cependant le moindre échec en ce genre

D

peut tout entraîner, & l'on sait d'ailleurs que la fortune se lasse, sans compter la destruction que peut
entraîner ce jeu meurtrier des batailles.

L'exemple intéressant qu'on vient de rapporter,
(& auquel on en pourroit ajouter tant d'autres)
convaincra enfin nos citoyens de ce qu'ils doivent de
confiance à ces grands boulevards solides & perma-
nens, dont la main *de Vauban* entoura nos frontières. Mais les avantages que procurent ces forteresses
ne se bornent pas à sauver plusieurs événemens, où
le hazard préside plus ou moins ; elles décident une
question plus importante sur le numéraire des troupes, auquel elles peuvent suppléer. L'influence en est
si favorable, qu'elle se manifeste à cet égard sur tous
les tems & dans toutes les classes de la societé. Il n'est
personne en effet, qui ne soit en état de reconnoître
que, sans une chaine de forteresses, tel royaume seroit forcé d'entretenir peut-être cent mille soldats de
plus, pour arriver à l'équilibre de ses voisins ; & cet
équilibre encore, exposé à mille hasards, seroit bien
chancelant. Supposons néanmoins que cette balance
de force puisse être immuablement décidée en faveur
d'un état qui, avec un supplément de cent mille hommes, croiroit pouvoir se passer de forteresses. Compa-
rez ensuite les 19 cent mille livres que le trésor public
fournit pour l'entretien des forteresses, avec les 18
millions qu'il faudroit en faire sortir annuellement
pour l'entretien de cent mille soldats de plus, & jugez !

Ce n'est rien encore, il faudroit évaluer les contre. coups & les pertes qui réfulteroient de cent mille citoyens retranchés de la maffe nationale & devenus inutiles aux arts, à la culture, à la population. Cette confidération bien-préfentée, comme elle le fera fans doute par les écrivains qui vont concourir pour le prix de l'éloge du véritable fondateur de ce fyftème de défenfe, fuffiroit feule pour le faire combler de bénédictions.

Cependant malgré l'inertie majeftueufe de ces monumens refpectés il ne faut jamais oublier, que les forterefles doivent être abondamment pourvues, & qu'elles ne vaudront que par la qualité des troupes & par l'habileté des Généraux. Ces conditions, quoique puiffent promettre des empiriques, feront toujours indifpenfables. Mais alors il eft aifé de juger à quel degré ces colonnes d'état devront l'emporter fur les fortifications legères des Places du moment. Cette différence fera néceffairement proportionnée à la maffe, à la folidité des corps réfiftans, à l'appareil des établiffemens & à la grandeur des obftacles que le tems aura permis de préparer de longue main.

Mais *ce fyftème de fécurité*, diront les critiques, *n'eft point dû à Mr. de Vauban ; ce n'étoit qu'une affaire de mode: Louis XIV avoit la manie de bâtir.* Quoi! un Roi victorieux pendant quarante années, fecondé par *Turenne, Condé, Luxembourg, Catinat* & tant d'autres Généraux conduifans des armées qui valoient celle d'*Alexandre* ; un Monarque entouré des plus grands hommes d'état, fut affez éclairé pour n'être pas totalement ébloui par la gloire qui fembloit le faire planer au-deſſus du monde entier! il fut aſſez prévoyant pour s'occuper de l'avenir, aſſez judicieux pour écouter la voix de la ſageſſe, qui le rappelloit à cette deviſe de la France: *LE MAINTIEN SUFFIT A SA GRANDEUR*; il fut enfin aſſez heureux dans ſes malheurs pour trouver encore des hommes dignes de ſa grande ame: & ces ſoins paternels ſeront taxés de manie par la légèreté! Je m'arrête. *Vauban* eut la confiance de ſon maître, & il n'en profita que pour garantir l'état contre les caprices de la fortune. Le Roi, après tant de ſuccès, eut été peut être excuſable de ne pas prévoir des malheurs: mais le conſervateur des frontières ne perdit jamais la préponderance que ſes lumieres & ſes vertus lui avoient acquiſes. Des évenemens & une ſuite de revers démontrerent malheureuſement la juſteſſe de ſes combinaiſons: des Places ſitūées en troiſieme ligne ſuſpendoient encore un orage prêt à éclater de toutes parts; elles donnerent le tems de raſſembler des débris. C'étoit peu; ce n'étoit rien ſans doute ſans le puiſſant génie des batailles. L'audacieux *Villars*, toujours heureux, parce qu'il fut toujours habile, profitant adroitement de ces derniers appuis, ſi frêles en apparence, put prendre le tems d'obſerver l'inſtant, où la fortune alloit paſſer; il la ſaiſit.

Telle fut, dans une criſe terrible, l'heureuſe influence du génie tutélaire qui veilloit ſur les déſtinées de la France. Ces cauſes ſont éloignées, il eſt vrai; elles agiſſent lentement, ſourdement même;

mais elles ne ceffent point d'agir; & c'eft dans cette circonftance fur-tout qu'on put reconnoitre que des fervices obfcurs n'étoient pas toujours les moins utiles.

Ce genre de fervices ne pouvoit cependant échapper à la fagacité d'un Monarque, dont le difcernement profond n'a point été affez remarqué, dans l'excès des louanges, qu'on lui prodigua; mais Mr. *de Vauban* fut modefte; il craignit que la dignité de Maréchal de France ne nuifît à l'exécution de ces travaux militaires, qui de leur nature doivent être fubordonnés aux opérations des armées; il réclama contre des honneurs qui lui paroiffoient exagérés; *il réclameroit encore*, dit le critique, qui a la générofité de le prendre au mot: & cela lui établit la plus forte preuve qu'il ait employée contre un héros. Nous n'avons rien à répondre à de pareilles preuves; l'Académie Françoife faura les apprécier (*p*).

Il faut pourtant être jufte; nous devons avouer que les détracteurs ne font pas toujours inutiles; ceux-ci nous ont mis fur la voie de quelques vérités: une des plus fenfibles eft l'importance ridicule que des faifeurs de fyftème prétendent donner à leurs pitoyables inventions. Mais le fecrétaire de cette compagnie ajoute très à-propos, que Mr. le M^al *de Saxe* emporta

---

(*p*) *Il eft de mon devoir*, dit le critique, *de publier mon opinion.* On feroit un long chapitre fur les obligations où le devoir engage, dans lequel on oublieroit précifément cet article du devoir, qui confifte à décrier adroitement les traits de la vertu.

D 3

la ville de Prague l'épée à la main ; que cette ville cependant étoit *baftionnée* ; d'où il conclut encore contre les baftions, & cela paroit équitable : mais l'inftant après il nous apprend que cette même ville (quoiqu'elle ne fut encore que baftionnée) *a oppofé une réfiftance invincible contre toutes les forces de la Hongrie.* Cela confirme une vérité de tous les tems, fur laquelle on ne peut trop infifter ; c'eft que les forbereffes, quelques foyent leurs difpofitions particulieres, ne vaudront jamais que ce que le courage & l'induftrie les feront valoir.

Le critique ajoute : *que la belle défenfe de Schweidnitz démontre que les tours rondes & les forts à étoile font d'excellens ouvrages, quand on fait les défendre.* Fort bien. Mais il faudroit pourtant tâcher de s'accorder fur ce que l'on entend par les *belles défenfes.* or comme on ne connoit celle de Schweidnitz que par la rélation publiée par le Pruffien *Le Faivre,* commandant les ingénieurs attaquants, & qu'on y trouve, *que douze mille hommes abondamment pourvus de tout fe font rendus prifonniers de guerre aux attaquants, qui n'avoient que dix-fept mille hommes ; que d'ailleurs il n'y avoit aucunes breches ni fur les tours, ni fur les étoiles, & que même les attaquants étoient encore à plus de 250 toifes du corps de la place ;* on fent bien que fi ces circonftances étoient vraies, il feroit difficile d'en tirer l'idée d'une *belle défenfe ;* dans ce cas les tours rondes & les étoiles n'auroient pas beau jeu à revendiquer une pareille

expérience. Il eſt plus naturel de penſer que cet événement renferme des ſecrets impénétrables.

Enfin, ce qu'on peut conclure de tous les exemples réunis tant anciens que modernes, c'eſt que les
fortereſſes ne ſe défendent & ne ſe défendront jamais
par inertie; il faut des hommes, du courage & de
l'induſtrie; mais il faut reconnoître auſſi que la dé-
penſe en forces mouvantes ſera toujours d'autant plus
conſidérable, en raiſon de la foibleſſe & de la mau-
vaiſe diſpoſition des forces d'inertie; ainſi les tours,
les étoiles, les pot-à-moineaux, les nids-à-rats,
les broderies arbitraires & tant d'autres miſères ne
peuvent ſoutenir un inſtant l'épreuve d'un examen
comparatif avec les diſpoſitions mâles & vigoureuſes
du M^al *de Vauban*. [13]

Quel eſt donc le but d'une attaque, dont on ne
voit aucun exemple ni dans la forme, ni dans l'objet? Voici ce qu'on peut entrevoir. L'auteur, qui
écrit fort bien, en eſt ſurement très-innocent; il
ſemble même avoir ſenti que ce projet de deſtruction
exigeoit qu'on en dérobât la ſingularité ſous l'apparence de quelques avantages ſuppoſés; de-là ces ex-
preſſions vagues & fugitives ſur les moyens *de faire
prédominer la défenſe* contre la ſupériorité de l'attaque; idée plus bizarre ſans doute, que ne ſeroit le
projet de rendre les *cuiraſſes offenſives* : mais c'eſt
le créateur d'un gros ſyſtème qui a dit ſérieuſement,
*que la véritable fortification doit ſuppléer également
au nombre & même à la qualité des troupes, ainſi*

qu'au génie des commandans. C'eſt-à-dire qu'un petit nombre de lâches endormis, mal commandés &
blotis au plus profond de leurs caſemattes, doivent
donner la loi aux attaquants. Les voilà! ils veulent
qu'on les défende par la vertu des enchantemens.

Il faut ranger ce problème dans la claſſe des fermetures hermétiques & autres merveilles énoncées
dans la brochure; tout cela eſt de la même force.

Cependant, comme on ne nous met ni de près,
ni de loin, ſur la voie de la ſolution de ces grands
problèmes, on ne ſçait qu'en penſer. L'auteur voudroit-il raſer toutes les fortereſſes, pour faire doubler
le numéraire de l'armée, & pour laiſſer peut-être encore l'état au hazard de deux ou trois batailles perdues? cela n'eſt pas vraiſemblable. Son projet eſt plus
raiſonnable; il ne veut que démolir toutes les places
pour les reconſtruire à neuf, ſuivant un nouveau
ſyſtème, dont il nous garde le ſecret. Or, en ſe
conformant un moment à ſes propres calculs, on voit
que ce projet de reſtauration couteroit au moins 14
cent millions, auxquels il faudroit ajouter encore un
tiers en-ſus pour les fraix de démolition des fortereſſes
exiſtantes, qui, ſelon le même auteur, ont déja couté
14 cent millions (*q*). Si c'eſt autre choſe, voyons;

(*q*) Il eſt très-vrai que ce calcul, dont on a fait connoitre
l'énorme abſurdité, prendroit quelque apparence de réalité, ſi
jamais il pouvoit être queſtion d'exécuter les nouveaux ſyſtêmes; par la raiſon qu'il ne s'agiroit plus ici de faire conſtruire
aux dépens des pays ennemis, ni de profiter habilement de
tout ce qui exiſte comme l'a fait le Maréchal *de Vauban.*

mettez-vous à découvert; mais en attendant permet-
tons-nous de rejetter des fyftèmes de lapins blotis,
qui n'exigent ni chefs, ni courage, ni adreffe: des
difpofitions étroites & cazanieres qui ne comportent ni
le nombre, ni l'étendue néceffaire aux magazins des
armées, ni la faculté des relations extérieures; des
garnifons mortes, à la vue defquelles un ennemi mé-
prifant agiroit impunément au milieu d'une campagne
abandonnée. Voilà du moins les idées qu'on a du
prendre de ces tanières caverneufes & autres chef-
d'œuvres du même genre qui ont paru jufqu'à pré-
fent. [14]

Il eft un terme dans les arts, au-delà duquel on
ne trouve plus que fubtilités ou modifications de mo-
des, imaginées pour obtenir quelque débit. Je parle
des arts inventés qui, ayant fubi l'épreuve des fiècles
de lumiere, ont été portés au degré de perfection qu'ils
peuvent recevoir. Il en eft d'autres qui ne font que
s'annoncer; & combien encore qui font à naître?
le champ eft immenfe pour les vrais inventeurs. Mais
en fortification, après les *Pagans*, les *Deville*, après
Cohorn, le premier chicaneur défenfif, après les idées

D'ailleurs il ne feroit jamais queftion pour ces reftaurateurs de
tirer avantage des fortifications naturelles; encore moins de
faire valoir le grand art des difpofitions générales, auxquelles
ils n'entendent rien. Ajoutez à cela les frais de démolition,
& puis les dépenfes exceffives des nids-à-rats & autres com-
partimens ruineux; je croirois bien alors, que les quatorze
cent millions y paffEroient. Ce feroit payer un peu cher l'en-
fantillage *perpendiculaire* du héros caché, qui provoque toutes
ces extravagances.

D 5

intéreſſantes du M^al *de Saxe* ſur les fortiſications des places du moment, & ſur-tout après *Vauban*, & les efforts de ſes imitateurs, ſi des empiriques pour ac-créditer leurs drogues, oſoient dire à leur patrie: *Abandonnez l'eſprit militaire, la guerre n'eſt qu'une barbarie; repoſez-vous ſur mes ſecrets; voici des forts ronds; en voici d'angulaires; voilà des défenſes perpendiculaires; voici des étoiles inexpugnables; ceci eſt un myſtère que je ne puis trop envelopper. Mais je vous promets des places imprenables, & dont la réſiſtance invincible n'exige ni talent, ni courage, ni mouvement; accordez-moi votre confiance, croyez-moi; livrez-vous au ſommeil &c.* Si ces gens-là pouvoient prendre quelque crédit, ſi leurs affiches ne déceloient pas d'abord le charlataniſme, la ſociété n'auroit pas d'ennemis plus dangereux (r).

Cependant le croira-t-on? ce comble du ridicule ne ſeroit pas ſenti généralement. Il eſt ſi doux de dormir! C'eſt ainſi que les derniers Grecs crurent pouvoir ſe livrer au délire de la molleſſe ſous la ſauvegarde de leurs feux Grégeois; c'eſt ainſi qu'ils céderent l'empire des arts à l'ignorance barbare qui y regne aujourd'hui; c'eſt ainſi qu'on les voit languir encore dans l'eſclavage & la dégradation. Voilà les ſubtilités

---

(r) Tel eſt le fond du célebre plagiat qu'on voudroit ſubſtituer aux fortereſſes de *Vauban!* on ſe propoſe de renverſer celles-ci; & pour y parvenir on vient d'emprunter le ſecours d'une trompette harmonieuſe, plus puiſſante ſans doute, que celles qui abattirent les murailles de Jérico.

qui précipitent la décadence des empires. N'oublions jamais, Citoyens, que le premier rempart de la nation réſide dans le génie belliqueux de l'armée, & que l'art des fortereſſes ne doit ètre conſidéré que comme l'un des moyens les plus favorables pour en développer l'énergie : c'eſt alors, mais alors ſeulement, que ces grands points de ſureté jouiront du privilège précieux de garantir l'état contre les haſards de la fortune. Les Places fortes feront plus encore; lorſqu'on les verra armées en guerre & appuyées par des poſitions d'obſervation choiſies, elles préviendront juſqu'à l'idée mème des projets offenſifs contre la France; c'eſt-à-dire, que par le fait elles vaincront ſans coup férir. [15]

Si les rapports des fortereſſes avec la ſureté de l'état, pouvoient ètre expoſés par l'indication mème des circonſtances de poſition qui exiſtent réellement; ſi ces cauſes éloignées & muettes pouvoient agir d'une maniere plus éclatante, ou plûtôt ſi j'euſſe été capable de préſenter ces rapports ſous des points de vue plus ſaillants, on auroit une idée des ſervices du M^{al} de Vauban. Mais l'énumeration de ſes talents & de ſes vertus, ſes connoiſſances ſur une multitude d'objets, la conception de tant de projets utiles diſcutés à fond, l'application continuelle d'un eſprit occupé de vues grandes & générales, & que ne purent jamais rétrécir les détails immenſes dont il étoit rempli; le contraſte extraordinaire qui réſulte de tant de genres ſtudieux, avec l'intrépidité de ſon ame dans les périls de la guerre , avec l'activité qu'il porta dans tous les travaux civils & militaires dont il eut la direction ; cette foule d'idées toutes claffées dans une organifation prodigieufe & qui embraffoit tout ; tant d'élevation avec tant de détails compoferoient le tableau le plus vafte , le plus honorable à l'efpèce humaine que l'efprit puiffe concevoir. Mais un deffein fi grand, fi digne en même tems de la proclamation de l'Académie , & de l'émulation des premiers écrivains du fiècle, paffe abfolument la portée de mes forces ; je ne puis que m'étonner & admirer encore re rare affemblage de tous les talens utiles (s).

M. le M^{al} *de Vauban* fut non feulement le plus grand artifte de fon tems ; mais tous les procédés de détail, dont il fut l'inventeur dans les conftructions importantes, fervent encore aujourd'hui de modèles, & l'on ne peut s'en écarter qu'aux dépens de la con-

---

(s) C'eft ainfi que j'ai vu *Vauban* dans la vérité de mon cœur , & fi l'on crioit à l'enthoufiafme , je répondrois avec *Montaigne* que *la même peine qu'on prend à détracter ces grands noms & la même licence , je la prendrois volontier à leur donner un tour d'épaule pour les hauffer. Ces rares figures & triées pour l'exemple du monde par le confentement des fages , je ne me feindrois pas de les recharger d'honneurs , autant que mon invention pourroit en interprétations & favorables circonftances ; & il faut croire que nos efforts font bien au-deffous de leur mérite. C'eft l'office des gens de bien de peindre la vertu la plus belle qu'il fe puiffe , & ne méfieroit pas , quand la paffion nous tranfporteroit à la faveur de fi faintes formes &c.* Telle feroit ma défenfe envers des aveugles ou des ingrats ; mais ceux qui ont connu tous les travaux de *Vauban* , & qui en ont obfervé l'influence , me trouveront bien foible , bien froid , & bien au-deffous de tant de vertus.

fiftance & de la folidité, qui doivent conftituer les premiers caractères des travaux publics.

Les levées, les moles, les jettées, les éclufes, l'art des fondations fur les fols les plus ingrats, fur les fonds inconnus de la mer ; le deffèchement des marais ; la réunion des plus vaftes magazins d'eau, foit pour la défenfe, foit pour alimenter des canaux de navigation ; les digues deftinées à préferver les campagnes contre les ravages des torrens; les fleuves refferrés & contenus dans leurs lits; par-tout il déploya le grand art de préfcrire des loix au caprice des élémens fougeux, & avec un tact fi fur dans ces favantes conftructions, que les théories les plus fubtiles de l'hydraulique l'ont à peine remplacé. Un grand nombre d'édifices en tous genres atteftent que M. *de Vauban* avoit le goût le plus fûr dans la belle architecture ; fi ce n'eft pas un laurier, c'eft au moins une fleur, qui embellit la couronne que la Renommée lui décerne.

Ce qui étonne encore, c'eft qu'entre tant d'objets, où toutes les parties des méchaniques devoient concourir, où les arts de la paix marchoient à fa fuite jufques dans le tumulte des armes, au milieu d'une vie militaire auffi partagée, il ne donna jamais de projet qu'il n'en eut articulé tous les détails par des plans, des coupes, des mémoires, des devis & des inftructions particulieres pour la conduite de l'exécution.

Un génie qui embraffoit tant de vues différentes,

fans jamais confondre les caractères qui les diftinguent, eft un de ces phénomènes que la nature fem-
ble n'avoir produits de tems à autre, que pour manifefter fa puiffance. On croit appercevoir en la perfonne de *Vauban* un foyer ardent, où s'élaboroient
les élémens de tous les arts ; c'étoit le centre d'une
foule de conceptions, dont l'étendue étoit réellement
fi prodigieufe que les objets en font fubdivifés aujour-
d'hui entre près de trois mille individus, induftrieux
par état, & qui trouvent encore de l'aliment parmi
les dépouilles arrachées d'une tête fi rare. On vit en
effet une multitude de claffes fe former après lui parmi
les ingénieurs, entre les artiftes, les fpéculateurs,
les détailleurs & les exécuteurs ; les uns pour les
conftructions militaires & les travaux des fièges ; d'autres appliqués aux détails induftrieux des campemens
& des pofitions. On a vu diftinguer ceux qui enten-
doient la guerre de montagne ; quelques uns ayant
pénétré la fcience de l'hydraulique s'étoient compofé
un mérite particulier de l'art de la défenfe par les
manœuvres d'eau. Succeffivement toutes ces parties
jetterent divers rameaux qui fe font fubdivifés fous
d'autres dénominations. Il fe forma des claffes particulieres pour les travaux des mines, pour ceux des
fappes, pour les batteries des côtes & pour quelques
parties de l'artillerie, fur lefquelles M. *de Vauban*
avoit une influence directe. Quelques-uns, attachés
à une autre branche, croyoient tenir encore au fondateur par un fil imperceptible ; il vient d'être coupé.

Il se forma d'autres divisions pour les grandes constructions des ports, des formes, des moles & des jettées ; d'autres pour les ponts, les turcies, les levées ; encore une division pour les fortifications maritimes ; puis la classe libre & nombreuse des faiseurs de système & tant d'autres.

Ce dépouillement universel subsiste encore ; il est même plus animé que jamais, & le plus mince légataire, à commencer peut-être par celui qui écrit ce mémoire, croît être quelque chose.

Tout cela tenoit cependant dans la tète de *Vauban*, & tout cela marchoit sous sa main avec unité de dessein, avec un concert, une harmonie, avec ce miracle d'économie, dont on a donné une idée, & qu'on a eu trop d'occasions de regretter ; car on doit sentir les secousses, les doubles & triples emplois inévitables, qui résultent des chocs perpétuels de tant d'acteurs dont les fonctions se touchent de si près.

Remarquez que dans l'immensité de ces travaux conçus, inventés ou dirigés par *Vauban*, le succès justifia constamment la justesse de ses combinaisons, & que plusieurs objets de l'administration, sur lesquels il étendoit son influence, furent améliorés. La simplicité prit dans son ame un caractère d'élévation bien rare ; il n'eut point cette timidité qui rend la vertu même si souvent inutile ; mais une modestie active, & qui pour les choses justes, qui ne le regardoient pas, en fit le solliciteur le plus ardent. On lui reprocha quelques traits de fermeté outrés ; ce n'étoient que les effets de la réfiftance infatigable qu'il oppofoit au relachement; la franchife peut-elle être trop forte, lorfquelle porte à retarder au moins les progrès rapides de la corruption? Vous verrez avec plus d'intérêt, combien fes vertus particulières purent influer fur la maffe des vertus publiques; eh! qui pourroit refter dans le fommeil de l'indifférence à côté de l'homme dévoué, généreux, humain, équitable & fenfible? qui pourroit ne pas s'enflammer en voyant briller le dieu des arts dans les actions de guerre? On en compte cent quarante, dans quelques-unes defquelles *Vauban*, jeune encore, fut remarqué par des traits éclatants, par des coups de force, & prefque toujours par des fuccès. Il faut le fuivre après cela dans l'exécution de 53 fièges, où *il perdoit fouvent moins de monde que les défenfeurs.* Pour obtenir un réfultat auffi étonnant, il falloit deployer un autre genre de valeur, d'autant plus méritoire qu'il n'eft plus foutenu par l'aiguillon de la gloire, qui fe nourrit trop fouvent d'oftentation; car le fuccès ne dépend plus dans ce cas que d'une fomme de fuccès obfcurs, péniblement obtenus par des travaux périlleux, renaiffans & ignorés de tout le monde. Obfervez encore que jamais l'efprit de méthode, dont il étoit doué, n'ôta rien à l'efprit de vigueur que les circonftances de guerre exigent quelques fois; on en voit un bel exemple dans l'attaque de vive force de Valencienne, pour laquelle il infifta contre l'avis des Maréchaux de France.

Si

Si l'on ajoute enfin à tant de titres utiles, glo-
rieux & mérités un titre *plus grand*, *plus faint*, *plus
cher à la patrie*, celui de CONSERVATEUR, trouvera-
t-on beaucoup de citoyens guerriers dignes d'autant
d'hommages & de reconnoiffance ? [16]

Cependant il manquoit encore un trophée à la mé-
moire du M^{al} *de Vauban*; l'Envie, qui met le fçeau à la
reputation des grands hommes, s'étoit cachée fur ce qui
le regardoit pendant un fiecle; *Vauban* refpecté par
l'univers ne put recevoir ce gage indélébile de la fupériorité; mais enfin elle vient de relever fa tête hideufe
pour achever l'apothéofe d'un héros.

NOTES.

[1] L'art des dispositions défensives présente deux branches principales qu'il faut distinguer; & c'est une attention qu'on ne fait point assez : l'une consiste dans l'assiétte & le développement des masses couvrantes, dans le balancement du relief des ouvrages, le défilement & l'assortiment de toutes les pièces permanentes; l'autre tient de plus près à la conduite de la défense; ce sont les dispositions journalières; les lignes de contre-approche, les retranchemens en retirades, la mobilité des batteries de la défense, le jeu alternatif des manœuvres d'eau; saisir l'à propos des effets des mines; la distribution des communications; choisir le moment utile des grandes sorties & de celles qui ne font que simulées; la sureté des retraites, l'efficacité des retours offensifs & une infinité de détails intéressans & conservateurs. On voit que ces derniers moyens constituent essentiellement le mérite de la défense; car il ne faut pas espérer qu'elle puisse s'opérer par l'inertie des masses permanentes.

Il faut remarquer que *Cohorn* avoit en quelque manière confondu ces deux objets, en liant au premier appareil des fortifications plusieurs dispositions particulières qui tiennent à la conduite. Cela a du lui donner une apparence de supériorité dans la partie des chicanes de la défense : c'est qu'il s'étoit trouvé dans le cas d'en exécuter directement; au lieu que son rival toujours attaquant, n'ayant eu à statuer que pour l'avenir en fait de défense, semble avoir laissé une séparation

plus fenfible entre les maffes préparatoires des fortereffes &
les détails de l'armement qui tiennent à l'exécution défenfive.
En effet, comme Mr. *de Vauban* n'a jamais été attaqué en
perfonne, on ne peut le juger comme défenfeur, que par
la qualité des difpofitions d'attente. Et quant à la partie ef-
fentielle des détails de la défenfe, on ne peut bien connoître
eñ ce dernier genre toute l'étendue de fa capacité, que par
les vues qu'il nous a transmifes dans fes nombreux manufcrits;
mais on peut en juger déja très-favorablement en confidérant
feulement que fes bafes permanentes peuvent fe prêter inépuifablement à toutes les reffources de la chicane.

[2] La critique aveugle ne pourra jamais que balbutier fur
un art dont elle ne connoit aucun des rapports étendus; mais
fi elle ofoit difputer ici fur la réalité de cette fucceffibilité
dans la défenfe, en citant des exemples pris fur quelques-
unes de nos places, on ne lui repondroit pas; par la raifon
qu'elle ignore les moyens par lesquels on peut l'obtenir; &
il n'eft point du tout néceffaire qu'elle les connoiffe. Ils dépendent de différentes manœuvres qui tiennent à la conduite de la
défenfe; & les Généraux commandants & refponfables auroient
raifon de défapprouver qu'on publiât les reffources qu'ils peuvent en tirer.

[3] Il faut obferver que l'application des mines à la défenfe
ne peut qu'être indiquée; les difpofitions de ces moyens ne
font le plus fouvent que préparées fpéculativement, & comme
ils entrent dans la claffe des objets qui dépendent de la conduite des défenfes, on ne peut apprécier les vues du Maréchal
de Vauban en ce genre, qn'en étudiant fes mémoires. D'ailleurs on peut regretter que le meilleur corps de Mineurs qui

exiſte en Europe, faiſant école perpétuelle, ne puiſſe exécu‑
ter aujourd'hui aucuns moyens permanents. Il ſemble cepen‑
dant que l'inſtruction de cette partie eſſentielle ſeroit infini‑
ment plus variée & plus profitable, ſi répartie dans les princi‑
pales fortereſſes, elle étoit appliquée directement à préparer
les diſpoſitions de l'une des plus grandes reſſources de la dé‑
fenſe.

[4] Ne craignons pas de répéter ici, ce qu'on a dit ailleurs
dans un ouvrage peu connu ſur cette propriété exaltée des
défenſes perpendiculaires. On doit en réduire toute l'utilité à
la ſeule circonſtance des retranchemens des poſitions d'armée,
lorſque les feux doivent s'y exécuter par criſe du moment,
avec abondance & avec rapidité. Alors il eſt utile de fixer la
volonté des tireurs par une diſpoſition obligée. Voilà le cas
des *directions perpendiculaires*. Mais c'eſt tout autre choſe dans
la défenſe des Places; ici le canon & la mouſqueterie ne s'ex‑
écutent jamais à la centaine & au millier, à moins que le
gouverneur ne veuille conſommer ſa poudre, pour avoir un
prétexte de ſe rendre, comme il arrive quelques fois. Excepté
cette circonſtance, qui ſans doute ne fait pas règle, on ne
doit employer l'arme à feu dans la défenſe des Places qu'avec
utilité, & lorſqu'on peut en indiquer les directions aux ca‑
nonniers & à des tireurs choiſis, qui dès‑lors ne s'embarraſ‑
ſent jamais des *perpendiculaires*. Il ſuit de là que cette pro‑
priété pour la défenſe des Places n'eſt que la plus vaine ſubti‑
lité; c'eſt un avantage puéril, imaginaire & qui prouveroit
au beſoin, que les auteurs qui y ont mis tant d'importance,
n'ont pu dans leur profeſſion voir les ſièges que de trop loin.
Au ſurplus ces auteurs abandonnent volontiers les parties de

cet art qui tiennent à l'exécution militaire ; ils dédaignent avec quelque apparence de raifon de s'affubler de cafques & de cuiraffes pour marcher à la tête des fapes ; il n'y a même plus que dans ces fortes d'opérations, où les imitateurs de *Vauban* ne trouvent pas de précepteurs.

[5] La fimilitude du talent qu'exige l'attaque & la défenfe eft fufceptible néanmoins de certaines modifications, parcequ'il exifte dans les actions de guerre telles fituations morales, qui font qu'un bon Général pour l'attaque pourroit ne pas l'être également pour la défenfe. Cela provient peut-être de je ne fais quel fentiment intérieur, qui, fuivant les caractères & les fituations, conferve, éteint ou rallume toute l'énergie de l'ame ; mais en diftinguant (comme il le faut abfolument) le genre de fagacité qu'exige la crife de l'action, d'avec celui que demande l'art des difpofitions, il eft impoffible de ne pas reconnoître le même talent dans l'attaque & la défenfe.

[6] Cet équilibre fuppofé entre la défenfe & l'attaque, dans le rapport d'un à trois, n'eft point un apperçu arbitraire ; c'eft une opinion fondée fur ce que les attaquants, pour être en état de foutenir les fatigues continuelles de leurs travaux, ne peuvent fournir que par tiers à la garde de leurs tranchées ; & il faut que ce tiers foit toujours en état de s'oppofer aux plus grands efforts des défenfeurs dans les forties ; attendu que ceux-ci, ayant la liberté de choifir leurs momens, peuvent faire une irruption fubite avec toutes leurs forces ; il faut donc que le tiers des attaquants foit continuellement en état de donner la loi à la totalité des défenfeurs.

[7] On demandera toujours, comment il fe pourroit que M. *de Vauban*, inventeur de l'attaque & doué de cette faga-

cité qui lui faifoit diftinguer d'abord le foible de toutes les forterefles qu'il attaquoit, n'eut pas apperçu ces points foibles en fortifiant? Autant vaudroit établir cette propofition que tel homme poffédoit le talent d'ouvrir les portes, mais qu'il ignoroit totalement le grand fecret de les fermer.

Je ne dis pas que la défenfe ne foit fufceptible de certains progrès; mais on fentira qu'il eft impoffible qu'elle faffe un pas de plus, (fut-ce même par l'entremife des plus merveilleufes inventions), fans que la fortification attaquante, profitant incontinent des mêmes inventions, ne s'accroiffe en même tems & toujours en proportion de la fupériorité, qui accompagne néceffairement les procédés offenfifs. Ce font là de ces vérités fimples que le génie de *Vauban* avoit le privilège de faifir au premier afpeét; mais l'on s'écarte tellement aujourd'hui de ces notions primitives, que fouvent on eft réduit à les difcuter férieufement.

[8] Les tems anciens nous préfentent des époques où la défenfe l'emportoit fur l'attaque: cela provenoit de l'extrême foibleffe des armes que l'on employoit alors dans les procédés des fièges, & prouve en même temps la barbarie & l'impéritie des attaquants. Cependant à mefure que l'attaque eft devenue plus induftrieufe, les moyens de défenfe fe font auffi perfeétionnés, & à tel point même, que les moindres de nos forterefles feroient peut-être imprenables, fi on ne pouvoit les attaquer qu'avec des beliers. Mais l'art de la défenfe n'ayant pu s'accroître, que dans la proportion des progrès de l'attaque, l'inattention n'a pas toujours apperçu ces gradations.

[9] Nous voyons dans l'un de ces fyftèmes le plus accrédité, (celui du moins, pour lequel on fait le plus d'efforts en tous

genres) une difposition fondamentale qui en démafque d'abord toute la pauvreté. On établit fix points flanquants fur une étendue de 180 toifes qui, eu égard à la portée des armes n'en exige évidemment que deux. Voilà d'abord une fur-abondance de mauvais augure; mais elle démontre rigoureufement que le créateur n'a été guidé que par des vues arbitraires; car dès que la diftribution de ces défenfes n'eft pas fixée d'après la portée des armes, l'auteur auroit été tout aufli bien fondé à admettre douze points flanquants, que fix, fur cette même étendue qui n'en exige foncierement que deux.

C'eft bien pis, lorfqu'on vient à confidérer que ces fix flancs triplent les inconvénients de la complication des objets, forment des labyrinthes dans lefquels on fe perd & qui retranchent l'efpace néceffaire aux établiffemens. On eft encore plus effrayé de voir multiplier les petites cafes fermées, dont l'effet le plus certain eft d'apoltronnir les défenfeurs & de les priver de tous les avantages des relations extérieures. L'étonnement augmente lorfqu'on apperçoit que ces difpofitions dentelées & laiffant des angles morts, donneroient aux attaquants la plus grande liberté d'ouvrir fix breches au corps de Place; & cela fur cette même étendue de 180 toifes, où ils ne pourroient en ouvrir que deux fur le front baftionné.

Enfin il n'eft plus poffible d'y tenir, lorfque des calculs précis font reconnoître que pour obtenir toutes ces belles chofes il faudroit décupler les dépenfes. (voyez *les Mémoires fur la fortification perpendiculaire*).

Tout cela ne feroit rien; on pourroit fe confoler des dépenfes une fois faites pour des monumens durables; mais un *fort provifionnel!* & des millions facrifiés pour un château

branlant, qui ne peut durer que 15 à 20 ans, étoit un pro-
dige réfervé au génie de l'inventeur.

[10] Le critique ne parle ici que de Landau; mais il ne
fçait pas que les relations de cette forterefle dans cette circonftance étoient indirectes, puifque les ennemis paflerent le
Rhin à Schreck; dans cet état des chofes la queftion du moment
dépendoit de tenir feulement 24 heures dans le pofte de Lauterbourg, qui étoit très en état de fe défendre. Mr. le Maréchal *de Coigny* avoit combiné fes difpofitions d'après cette
fuppofition; mais ce pofte s'étant rendu fans coup férir à la
premiere apparition de l'ennemi, cet évenement rompit toutes les mefures. Il fallut vaincre d'abord, & puis il fallut prendre des pofitions. Dès-lors l'ennemi, entouré de forterefles &
obfervé par ces pofitions, n'ofant plus s'éloigner de fes communications, fut forcé à une retraite précipitée. L'objet fut
rempli; mais il l'auroit été plus promptement & plus furement
fi Lauterbourg avoit oppofé une ombre de réfiftance: l'invafion même n'auroit pas eu lieu, & on n'auroit pas été obligé
de faire la dépenfe de vaincre. Or, de ce que les défenfeurs
d'un pofte fe rendent lachement, avant même d'avoir tiré
l'épée, je demande ce que l'on en peut conclure contre le
Maréchal *de Vauban?*

[11] Pour obtenir ces propriétés à différens degrés, il faut
que l'arrondiflement des frontières foit traverfé fur une vafte
étendue par des obftacles de divers genres; en forte que les
communications avec l'intérieur puiffent y être tellement dif-
pofées que libres pour les armées défenfives, elles jouiffent
de cet avantage d'une maniere immutuelle. Alors en plaçant
une forterefle à l'extrémité de l'un de ces rayons, on obtien-

dra ces propriétés plus ou moins complèttement, en raifon de la qualité des obftacles naturels ou artificiels, qu'on pourra employer pour garantir les communications. Il fuffit de cet apperçu ; on jugera qu'outre d'affez grandes complications, il n'eft permis de faire entrevoir ici que les élémens qui ont conduit le Maréchal *de Vauban* à ces fortes de folutions.

[12] C'eft pour faire grace aux critiques que nous bornons ici l'influence de la ligne baftionnée au paffage du foffé, puifqu'elle s'étend réellement fort au - delà, ainfi qu'il eft aifé de s'en convaincre par les difcuffions approfondies qui viennent de paroîte fur cet objet (*voyez les Mémoires fur la fortification perpendiculaire*). Mais outre le ménagement de l'efpace & la grande économie de cette difpofition, il eft aifé de juger que fa fimplicité donne toute liberté de varier les emplacemens des batteries de la défenfe ; or cette mobilité eft une des chofes qui peut le plus contribuer à en retarder la ruine ; parce que les attaquants , étant obligés de changer auffi les pofitions de leurs batteries, & de recommencer des établiffemens fous des feux nouvellement démafqués , on doit fentir à quel point les mefures de l'attaque doivent être déconcertées par ces changemens de fcène, qui accroiffent auffi les pertes des affaillants , en retardant plus ou moins les progrès de leurs procédés.

[13] Comme nous ne craignons rien tant que ces affertions vagues qui diftinguent fi éminemment les productions des détracteurs, & que cet écrit n'eft pas propre à la difcuffion des détails, nous renverrons fur ces recherches à un ouvrage récemment publié, fous le titre de *Mémoires fur la fortification perpendiculaire*, ouvrage profond, mais plus férieux, à

mon avis, que ne l'euſſent exigé les incohérences *perpendicu-laires* : c'eſt là qu'on ſe convaincra que la comparaiſon de ces ſyſtèmes n'eſt ſoutenable ſous aucun rapport. Il en réſulte en définitive, que toutes ces créations vaines & non-militaires manquent eſſentiellement ou par la ſolidité, ou par le degré de commandement, ou par le défilement, ou par l'efficacité des maſſes couvrantes, & ſouvent par l'oubli de toutes ces me-ſures enſemble : on y voit des diſpoſitions ſans motifs, des défauts de défenſe & d'appui mutuel entre les parties, l'inter-diction des retours offenſifs, & quant à la défenſive active on n'y a jamais ſongé. Mais en compenſation on y trouve des piè-ces protégeantes ſubordonnées aux pièces protégées ; nulle ſucceſſibilité par conſéquent dans la défenſe des dehors. On eſt frappé ſur-tout de l'excès des tréſors qu'il faudroit prodi-guer à tant de puérilités ſans vue & ſans objet. Tout cela n'eſt rien encore ; c'eſt dans l'application du ſyſtème aux diſ-poſitions générales & aux circonſtances locales qu'on reconnoit la pauvreté du créateur ; mais il faut convenir qu'à cet égard il n'a pas donné priſe ſur lui ; il ne s'eſt nullement occupé de cette partie, quoique pourtant elle conſtitue le véritable mérite de l'art de fortifier ; auſſi lui a-t-on fait grace ſur cet objet dans les *Mémoires*.

[14] On pourroit reprocher à la plûpart des Places de Mr. *de Vauban* de manquer de ſouterrains ; mais obſervez que le fondateur devoit s'intéreſſer par-deſſus tout à l'enſemble des frontières, & que n'ayant que des moyens très-limités il dut ſe borner à rendre les fortereſſes ſuſceptibles d'en recevoir ſuc-ceſſivement à meſure que les finances le permettroient ou que la politique du moment l'exigeroit. Ces abris ſont ſurement du

plus grand intérêt dans les poftes & même dans les Places mé-
diocres; & c'eft de Mr. *de Vauban* lui-même que nous avons
appris combien il feroit utile de les multiplier pour la confervation des hommes, des vivres & des munitions; mais prétendre cazematter par-tout à la manière des fyftèmes; mais
pouffer les tanières jufques dans l'action même de la défenfe,
c'eft en anéantir le mouvement & l'énergie; c'eft perdre l'efprit militaire, & c'eft laiffer aux attaquants la liberté de pro-
céder impunément.

[15] De ce que l'art de la défenfe eft parvenu fpéculativement, à peu près, à ce qu'il peut être, il ne s'enfuit pas que
les fortereffes foient au point de perfection où elles pourroient
être; ce font deux objets très-différens & qu'il faut fe garder
de confondre; il y aura toujours à faire fur des degrés de
force, qui, de leur nature, font illimités. Il eft même difficile
d'appercevoir les bornes, où telles fortereffes ne feroient plus
fufceptibles d'accroiffement. Mais ne nous laffons pas de répéter que ces accroiffemens, quels qu'ils foient, doivent toujours
partir de ce qui eft fait; fans quoi une dépenfe nouvelle,
en anéantiffant une dépenfe ancienne, ne cefferoit jamais
d'en provoquer une autre, & toujours ainfi de fuite. Or voilà
le grand mérite du Maréchal *de Vauban*: il confifte effentiellement dans cette prévifion. Non feulement les bafes qu'il
nous a données ont une valeur abfolue eu égard au tems où elles furent tracées; mais elles ont encore une valeur relative,
par cette précieufe propriété qui les rend fufceptibles de tous
les degrés d'accroiffement que les circonftances peuvent exiger.

D'ailleurs, quand on fuppoferoit un moment que tout eft
fait en fortification, ce ne feroit pas une raifon pour que l'on

dût fe repofer fur cet accompliffement fuppofé. L'expérience tranfmife feroit toujours néceffaire pour la conduite des défenfes ; (voyez *la note ci - deffus n. 1.*) le talent trouveroit toujours un aliment abondant dans les détails journaliers des campagnes, où chaque pas vous préfente l'obligation de fortifier des poftes, de retrancher des pofitions, de faire refpecter des quartiers étendus par des Places du moment; tantôt il faudroit déployer l'art des fortifications offenfives dans l'action des fièges, & bientôt il faudroit retourner précifement le même art pour l'appliquer aux grandes reffources de la défenfe. Il en eft de ceux qui par état font chargés de ces différentes exécutions, comme de tous les autres corps de l'armée, qui n'exiftent en tems de paix que pour l'utilité ultérieure de la guerre : encore les fortificateurs pourroient - ils prétendre davantage; puifque les corps les plus actifs, malgré la grande importance de l'inftruction, font pourtant réduits pendant la paix à des pratiques fouvent fugitives, tandis que le feul entretien des fortereffes, dirigé avec foin & avec économie, pourroit paffer peut-être, s'il étoit moins obfcur, pour un fervice direct d'une utilité permanente.

Je demande grace fur les notes précédentes & autres réfutations, qui m'ont trop fouvent éloigné du feul objet que je me propofois; on m'excufera peut-être, en réfléchiffant que ce même objet devoit m'entraîner à faire fentir le profond néant des nouveaux fyftémes. Il eft même néceffaire de répéter encore que les méthodes de fortifier ont toujours été effentiellement fondées fur la qualité des armes, qui étoient en ufage, & qu'il a fallu s'affujettir à toutes les variations qu'elles ont éprouvées; enforte qu'il ne feroit réellement permis aujourd'hui de changer ces méthodes, que dans le cas où les progrès des découvertes en phyſique donneroient lieu à l'invention de quelques armes plus puiſſantes que celles qui ſont connues. Les volontaires ſyſtématiques feront ſans doute ſcandaliſés de la publicité de ces vérités ; j'en ſuis faché ; mais qui les empêche auſſi d'imaginer quelques moyens de mettre en œuvre les armes employées par les anges de *Milton ?* Après cela, qu'ils inventent de nouveaux angles pour nous en défendre ; je leurs promets alors d'applaudir de tout mon cœur à leurs ſyſtémes.

[16] Une choſe digne d'attention c'eſt que cette influence du génie de *Vauban*, ſur l'objet intéreſſant de conſerver, ne ceſſe point d'agir & d'aggrandir ſes rapports ; elle s'eſt étendue inſenſiblement au-delà des mers. Les grands intérêts, dirigés aujourd'hui ſur les iſles ou ſur les continens éloignés, annoncent une diverſion puiſſante, qui ſemble devoir altérer l'équilibre de l'ancienne balance des forces de terre. Je laiſſe à penſer à quel point un intérêt nouveau peut faire négliger un intérêt ancien qui ſubſiſte dans toute ſa force, quoiqu'il paroiſſe déguiſé pour le moment. Il eſt toujours vrai qu'il ſuffit que des hommes d'état ayent ſenti l'importance de nos colonies, pour que l'attention doive ſe porter à leur conſervation ; elle eſt d'autant plus eſſentielle, qu'elle eſt invinciblement liée au principal & aux acceſſoires de la puiſſance maritime. Or les opinions ont été fort partagées ſur les moyens de ſe maintenir dans ces établiſſemens lointains : l'infanterie a dit qu'il ne falloit que des troupes pour garder les colonies ; quelques marins ont ſoutenu que les troupes étoient inutiles & qu'il ne falloit que des vaiſſeaux ; des officiers d'artillerie ont prétendu peut-être

qu'il ne falloit que des canons ; qui fçait fi quelques officiers du Génie n'ont pas dit auffi, qu'il ne falloit que des baftions? Autant vaudroit que la cavalerie prétendît exclufivement à la défenfe de nos isles. Mais enfin l'on paroit avoir apprécié toutes ces opinions de robe, & l'on s'eft accordé d'abord fur la néceffité de faire concourir tous ces moyens. Il eft fenfible en effet, que des troupes fans fortifications ne pourroient jamais être affez nombreufes; obligées à prendre des pofitions éloignées des ports, elles ne pourroient conferver les feuls & vrais points qui conftituent la poffeffion. Il n'eft pas moins évident que les efcadres ne peuvent être défenfives par elles-mêmes; comment s'oppoferoient-elles à des invafions entreprifes fur des parties terranées, où elles ne peuvent atteindre ? obligées d'ailleurs à s'éloigner fouvent, il pourroit arriver qu'au retour elles trouveroient les ports occupés, & dès - lors privées de ces aziles, dont elles ne peuvent fe paffer, elles manqueroient trop furement le but de leurs campagnes ; & puis, fi ces efcadres venoient à être battues, où feroient les reffources? On a reconnu auffi, que dans cette hypothèfe de poffeffions éloignées il ne fuffiroit pas d'y entretenir de bonnes troupes avec de bonnes fortifications; il faut encore le concours d'une marine formidable ; il faut alors confidérer les vaiffeaux non feulement comme militants, mais encore comme des ponts de communication néceffaires pour entretenir & pour retenir à foi toutes les relations extérieures. Enfin fi l'obligation de fortifier les colonies n'eft pas encore une maxime univerfellement admife, elle le fera certainement bientôt ; d'autant que nos ennemis nous en donnent déja l'exemple. On ne prétend pas dire que M. *de Vauban* ait inventé ce moyen de défenfe ; mais il l'a accrédité , & il l'a fait valoir par le grand art de difpofer & de fimplifier les fortereffes , ce qui en a mis l'ufage à la portée des facultés de l'état: voilà le fervice immortel ! Revenant à l'objet de cette note, nous ofons avancer que bientôt il fera reconnu comme axiôme fim- ple : *que pour conferver des colonies il faut s'affurer des grands ports par des fortereffes , & fe propofer de les foutenir avec des troupes bien conftituées & réparties par l'entremife des efcadres de protection.*

Cette vérité bien reconnue n'empêchera pas fans doute que la légèreté ne déclame fans ceffe contre l'ufage des fortifica- tions; ce n'eft pas que l'on dife, ni que l'on fçache pourquoi; mais ce font des *dictum* de mode : le parti à prendre dans ce cas eft de ne point bleffer ces frondeurs par des differtations fuperflues ; car il arrivera furement un jour, un peu plus tôt ou plus tard , que quelques-uns de ces improbateurs trouve- ront que ces mêmes murailles (inutiles aujourd'hui felon eux) ne font ni affez hautes, ni affez épaiffes, ni affez redoublées, ni même affez multipliées; on en a vu déja plus d'un exemple.